Der Ruf nach Aufklärung im Islam und über den Islam scheint nicht zu verstummen. Wie sollte er auch angesichts der ständigen Konflikte? Konflikte, die weder in den islamischen Ländern selber lösbar sind, noch durch politisches oder militärisches Eingreifen von außen geklärt werden können. Sadik J. Al-Azm zeichnet sich als »teilnehmender Beobachter« aus – er übernimmt keine westliche Perspektive, doch präsentiert er die uns fremde Kultur auch nicht als eine ewig unzugängliche.

Sadik J. Al-Azm, geb. 1934 in Damaskus, Studium der Philosophie in Beirut, danach lehrte er Philosophie in New York, Beirut, Amman und Damaskus und war Gastprofessor in Princeton. 1968 verlor er infolge seiner kritischen Veröffentlichungen die Lehrbefugnis im Libanon. Er lebt in Damaskus und z. Zt. in Washington, D. C.

Sadik J. Al-Azm
Unbehagen in der Moderne
Aufklärung im Islam

Herausgegeben von
Kai-Henning Gerlach

Fischer
Taschenbuch
Verlag

Originalausgabe
Veröffentlicht im Fischer Taschenbuch Verlag GmbH,
Frankfurt am Main, Juli 1993

© 1993 Fischer Taschenbuch Verlag GmbH, Frankfurt am Main
Umschlaggestaltung: Buchholz/Hinsch/Hensinger
Satz: Fotosatz Otto Gutfreund GmbH, Darmstadt
Druck und Bindung: Clausen & Bosse, Leck
Printed in Germany
ISBN 3-596-11578-7

Gedruckt auf chlor- und säurefreiem Papier

Inhalt

Vorbemerkung 7

Es ist wichtig, ernst zu sein.
Salman Rushdie, Joyce, Rabelais – der Kampf um Aufklärung   9

Satans Tragödie 54

Islamischer Fundamentalismus – Neubewertet 77

Nachwort von Kai-Henning Gerlach und Walter Saller 138

Vorbemerkung

Sadik J. Al-Azm, der 1934 in Damaskus geboren wurde, gehört zu den markantesten kritischen Denkern der arabischen Welt. Seine kompromißlose Position gegenüber Staat und Religion machte ihn dort bereits in den späten sechziger Jahren bekannt.

Seit 1977 hat Al-Azm eine Professur für Philosophie und Soziologie an der Universität Damaskus inne. Von 1988 bis 1992 lehrte er als Gastprofessor an der Universität Princeton zum Thema »Arabisches Denken der Gegenwart«. Zur Zeit ist er am Wilson Center in Washington, D. C.

Während seines Forschungsaufenthaltes am Berliner Wissenschaftskolleg im Studienjahr 1990/1991 wurde sein Essay über Salman Rushdie in der deutschen Ausgabe von *Lettre International* veröffentlicht. Der Artikel »Satans Tragödie«, bereits 1965 verfaßt, wurde explizit für ein arabisches Publikum geschrieben. Er wurde für diesen Band leicht verändert. Der Aufruhr, den er bei seinem Erscheinen verursachte, legt davon Zeugnis ab, welche Gedanken in der arabischen Welt (immer noch) als extrem provokant gelten. Der abschließende Essay über den islamischen Fundamentalismus wurde eigens für diesen Band verfaßt. Für die arabischen Begriffe wurde eine möglichst allgemeinverständliche Umschrift verwandt.

Kai-Henning Gerlach

Es ist wichtig, ernst zu sein
Salman Rushdie, Joyce, Rabelais – der Kampf um Aufklärung

Hinter den *Satanischen Versen* und der Rushdie-Affäre steckt wesentlich mehr als ein bloßer *succès de scandale*. Denn uns wurde zumindest lebhaft vor Augen geführt, daß schöpferische Romanliteratur auch eine politische Bedeutung hat und daß tatsächlich immer noch Bücher geschrieben und veröffentlicht werden können, die ein großes Publikum bewegen. Es ist deshalb unbedacht, gegenüber dem Roman und dem Aufruhr, den er verursachte, eine abwertende Haltung einzunehmen, besonders zu einer Zeit, in der Kulturchauvinismus, konservative Engstirnigkeit und selbstsüchtige Kleinstaaterei vielerorts die Oberhand zu haben scheinen. Daß eine derartige Einstellung in Kreisen amerikanischer Intellektueller und Akademiker aber offenbar beängstigend weit verbreitet ist, lernte ich aus eigener Erfahrung, als ich während des Studienjahres 1988/89 an verschiedenen US-amerikanischen Hochschulen lehrte und an dortigen Debatten teilnahm. In meiner Kritik an Rushdies gleichgültigen Verteidigern, seinen unkritischen Kritikern und denen, die ihn im Westen verächtlich herabsetzten, werde ich versuchen, das Enthüllende, das Symptomatische und das Unausgesprochene der sogenannten Rushdie-Affäre, -Debatte und -Polemiken im Auge zu behalten.

I. Vergleiche

Augenöffnend war für mich, daß kaum ein westlicher Intellektueller, der sich – individuell oder kollektiv – der Verteidigung Rushdies anschloß, ihn auch nur andeutungsweise als muslimischen Dissidenten begriff; als jemand durchaus Vergleichbaren mit den gefeierten, literarisch tätigen Systemkritikern aus den kommunistischen Ländern, die vom Westen so überaus enthusiastisch aufgenommen und von der westlichen Intelligenzija so mit ganzem Herzen verteidigt wurden. Zwei Mitglieder der schwedischen Akademie für die Verleihung des Literatur-Nobelpreises setzten bekanntlich einen Akzent, indem sie den mutigen Schritt unternahmen und von ihrer lebenslangen Mitgliedschaft in dem erlauchten Gremium zurücktraten, weil sich die Akademie geweigert hatte, den Autor Rushdie eindeutig zu unterstützen. Dieser Vergleich der Einstellung der Akademie zu Rushdie und ihrer wirksam publizierten Unterstützung und Preisvergabe an systemkritische Autoren aus der Sowjetunion und Osteuropa belegt auf eindeutige Weise, daß mit zweierlei Maß gemessen wird.

Ich habe den Eindruck, daß Rushdie von dem an sich betroffenen Teil der westlichen Intelligenzija rein formalistisch und legalistisch, mit innerer Distanz und halbherzig verteidigt wurde. In keiner ihrer Verteidigungsreden war jene Art von Wärme, Engagement und ernsthafter Betroffenheit zu spüren, die sie für gewöhnlich gegenüber kritischen Schriftstellern und Denkern aus den kommunistischen Ländern an den Tag legen. Möglicherweise spielt hier das politische Unbewußte eine weitaus größere Rolle als ursprünglich angenommen. Vielleicht handelt es sich wieder um die tief verankerte und unausgesprochene Arroganz des Westens: Muslime verdienen einfach keine ernsthaften Dissidenten und haben keinen Anspruch auf sie. Sie sind eigentlich gar nicht imstande, sie hervorzubringen, denn bei genauem Hinsehen steht ihnen die Gottesherrschaft der Ayatollahs besser zu Gesicht. Kein Wunder also, wenn der satirische Mut und der Humor eines Muslim meist bagatellisiert werden. Dieser Eindruck bestätigt sich durch einen erstaunlichen Schulterschluß zwischen der gut organisierten »Anti-Rushdie-Koalition«, die sich aus dezidiert reaktionären und konservativen Kräften im Westen zusammensetzt, und Khomeinis Verurteilung des Romans und seines Autors. Unter anderen zählte auch der bedeutendste Geistliche der Vereinigten Staaten, Kardinal O'Connor von New York, zu der Allianz. Er mißbilligte die *Satanischen Verse*, ohne auf die Todesdrohungen gegen ihren Autor einzugehen.[1] Der vatikanische *Osser-*

---

1 *The New York Times*, 19. 2. 1989.

vatore Romano verdammt den ketzerischen Roman ohne weitere Erwähnung von Khomeinis Todesurteil.[2]

In Großbritannien wurde Rushdie von dem Juristen Lord Hartley Shawcross beschuldigt, die Freiheit, »die er mit uns allen teilt«[3], zu mißbrauchen, während ein anderer Lord ihn einer Art von Verrat bezichtigte, »zu einer Zeit, in der Versuche, die Beziehungen zu bestimmten muslimischen Ländern (d. h. dem Iran) wiederherzustellen, sich in einem äußerst heiklen Stadium befinden«.[4] Avraham Shapira, der Oberrabbiner der israelischen Ashkenasim, verlangte, die Veröffentlichung der *Satanischen Verse* in Israel zu verbieten.[5] Ebenfalls von jüdischer Seite verlangte der Oberrabbiner der *United Hebrew Congregations* des Commonwealth, Immanuel Jakobovitz, von der britischen Gesetzgebung, die Veröffentlichung von Material zu unterbinden, »das durch obszöne Diffamierungen die Gefühle und den Glauben von Teilen der Gesellschaft erregen kann«.[6] Die Botschaft aller ›in Sachen Rushdie‹ mit den Ayatollahs Verbündeten war unmißverständlich: Niemand darf in diesen ›gefährlichen‹ Zeiten die Religion kritisieren, verspotten oder untergraben. Die *New York Times* berichtete im Zusammenhang mit dem Fall Rushdie: »Die katholische Bischofskonferenz hat den Fall nicht öffentlich kommentiert. An dieses Beispiel hielten sich die Southern Baptist Convention, als zweitgrößte Konfession des Landes, mit ihren sämtlichen Organisationen wie auch die United Methodist Church und die Presbyterian Church (USA).« Wie erwartet, war auch der *Moral-Majority*-Vorsitzende, Reverend Jerry Falwell, mit von der Partie.

Ebenso augenöffnend war die Tatsache, daß bei aller Leidenschaftlichkeit und Länge der Debatte niemand auch nur entfernt daran dachte, in Rushdie einen Rabelais oder Voltaire des Islam zu sehen; oder einen muslimischen James Joyce, der schließlich auch verschiedene längst fällige Rechnungen mit seiner Kirche, d. h. seinem mittlerweile abgelegten religiösen Bewußtsein bzw. Über-Ich, beglich. Zwar fanden sich in den Kritiken gelegentliche Hinweise auf Rabelais,

---

2 Ebd., 7. 3. 1989.
3 Ebd., 10. 3. 1989.
4 Ebd.
5 Ebd., 7. 3. 1989.
6 Ebd., 10. 3. 1989.

Voltaire und Joyce, aber sie bezogen sich mehr auf den Stil als auf die Substanz, mehr auf die Ästhetik als auf die geschichtliche Bedeutung. Mit großer Genugtuung entnahm ich deshalb im August 1989 einem *Daily Telegraph*-Interview mit Marianne Wiggin (Rushdies Frau, die sich zu dieser Zeit noch mit ihm versteckt hielt), daß Salman Rushdie und sie Werke des 18. Jahrhunderts und besonders Voltaire, Diderot und Thomas Paine gelesen hatten.[7]

Denn sie wußten, was sie taten:
Rabelais und Rushdie

Diese Vergleiche sind nicht nur an sich reizvoll, sondern auch als Gedächtnisauffrischung und Erwiderung auf jene Intellektuellen, die einen Schleichweg zum guten Gewissen wählten, indem sie die Rushdie-Affäre mit Gemeinplätzen wie »er wußte, was er tat«, »es ist ganz seine eigene Schuld« und »das hat er verdient« herunterspielten.[8] Hatten Rabelais, Voltaire und James Joyce nicht gewußt, was sie taten? Ist Rushdie kein Vorkämpfer für ein kritisches Bewußtsein von islamischer Kultur und Geschichte? Wenn ja: Wären nicht entgegengesetzte Reaktionen zu erwarten? Oder sollten die muslimischen Gesellschaften und Kulturen etwa auf dem Niveau verharren, auf dem sie schon immer waren? Wenn Louis Althusser an der Philosophie Spinozas mit Stolz loben kann, daß sie durch »eine der größten Lektionen in Häresie, die die Welt je zu hören bekam (...) ihre Zeit in Furcht und Schrecken versetzte«, gibt es keinen Grund, warum wir Rushdies Roman nicht auch voller Stolz loben können, da er »seine Zeit durch eine der größten Lektionen in Häresie, die die muslimische Welt je zu hören bekam, in Furcht und Schrecken versetzte«.

Seine eigene Zeit erschrak und amüsierte Rabelais mit seinem Pantagruel, der durch seine Profanität, seine Anstößigkeit und Ruchlosigkeit zum subversiven ›Bestseller‹ wurde. In späteren Ausgaben

---

7 Auch in: *International Herald Tribune* v. 4. 8. 1989.
8 Siehe z. B. die elitäre Reaktion von S. Namanul Haq (Assistent für History of Science an der Harvard University), die er unter dem Titel *Salman Rushdie Blame Yourself* in *The New York Times* v. 23. 2. 1989 veröffentlichte. Siehe auch John LeCarrés »A Book Not Worth the Bloodshed« in: *The Guardian* v. 15. 2. 1990.

trieb Rabelais die Gotteslästerung auf die Spitze, indem er freimütig und voller Schadenfreude bekannte, daß von seinem Buch »in zwei Monaten mehr Exemplare verkauft wurden als Bibeln in neun Jahren«. Die Kirche verdammte das Werk bekanntlich als Gottesfrevel, als blasphemisch und obszön, und Rabelais selbst wurde als Ketzer verurteilt. Es gelang ihm aber mehr als einmal, um Haaresbreite dem Scheiterhaufen zu entkommen. Er versteckte sich entweder oder vertraute auf das Einschreiten seiner mächtigen Gönner in Kirche und Staat – ein Privileg, das Rushdie offensichtlich versagt ist.

Bei Rushdie wie bei Rabelais begegnen wir einer fabelhaften Satire des zeitgenössischen Lebens, die schockieren, verwirren und wachrütteln soll, während gleichzeitig durch die Übertreibungen, Ironien, Parodien und Kritiken entscheidende Wahrheiten über die jeweilige Epoche und Gesellschaft wahrnehmbar werden.

Für Rabelais' Meisterwerk *Gargantua und Pantagruel* bildet die Beschreibung von Herkunft, Geburt und Erziehung der beiden Riesen und ihre Unternehmungen, Abenteuer und Reisen, angereichert durch die maßgeblichen Erfahrungen der Renaissance, den erzählerischen Rahmen. Ebenso bei den *Satanischen Versen*: Auch hier bilden Beschreibungen der Herkunft, Geburt und Erziehung von Saladin Chamcha und Gibril Farishta sowie ihrer Verwandlungen, Reisen und Abenteuer den Erzählrahmen, die durch die indisch-muslimischen Erfahrungen in der modernen Welt – mit all ihren Hoffnungen, Träumen, Fehlleistungen, Illusionen, Wunden, Erniedrigungen, Enttäuschungen und Katastrophen – angereichert werden.

In der Tat gibt es bei Rabelais sogar eine Reise à la Rushdie nach Indien, auf der das Orakel der Heiligen Flasche nach sexuellen und Eheproblemen befragt wird. Auch Rushdies Roman ist voll von Satiren auf hindu-muslimische Seher und Wahrsager, auf Sterndeuter, politische Führer und Priester aller Religionen und Sekten, die den Erscheinungen entsprechen, die Rabelais in der Gesellschaft und Kultur der Renaissance verspottet hat. Rushdie attackiert mit seinem Sarkasmus die verknöcherte Geistlichkeit des Islam und die völlige Überholtheit der unablässig frömmlerisch wiederholten Erzählungen, er greift seine hinterwäldlerischen Dogmen an wie auch die eiserne und gefährliche Weigerung der geistlichen Institutionen, den gegenwärtigen Widersprüchen, Mißbildungen, Paradoxien und

Mängeln scharf ins Auge zu sehen. Dabei steht Rushdie Rabelais sehr nahe, der seinerseits die fundamentalen Dogmen, Sakramente und Erzählungen des überholten, mittelalterlich-scholastischen Christentums vom Sockel stieß. Die führenden Köpfe der Französischen Revolution verehrten ihn geradezu und zollten seinem progressiven Geist und seiner kühnen Prosa höchsten Respekt, indem sie seinen Heimatort in Chinon-Rabelais umbenannten.

Rushdies Anwendung von Rabelais' Strategien der Verdrehung, der Verschmelzung und des Vermischens des Profanen mit dem Heiligen, des Lächerlichen mit dem Erhabenen und des Frommen mit dem Grotesken erreicht ihren Höhepunkt in verschiedenen *parodiae sacrae*, die er – auf besondere Weise in den *Satanischen Versen* – erdichtet und entwickelt. Entsprechend wird Gibril in Rushdies Roman von seiner Mutter mit *Satan* gerufen – als Kosename und gleichzeitig als sanfter Rüffel. Die etymologische Verbindung zwischen dem islamischen *Allah* und Qureishs verworfenem Al-Lat wird ausgesprochen und öffentlich zur Schau gestellt. Die ›Über-Wesenheit‹ (›Over-Entity‹) ist zur gleichen Zeit Gott und der Teufel: *Ooparvala* (der Typ von Oben) und *Neechayvala* (der Kerl von Unten). Der Grande von Mekka, Abu Simbel (Abu Sufian), wird schließlich zum *Khadim Al-Haramein* (Hüter der beiden heiligen Stätten): König Fahds offizieller Titel. In Indien rennen Muslime in amerikanische Cowboy-Filme, in denen Rinder ins Schlachthaus gehetzt werden, und im Gegenzug drängen sich die Hindus in Kinos, die eine Art indischer Cecil-B.-de-Mille-Film-›Theologicals‹ zeigen, deren Helden sich in der Aufgabe bewähren müssen, die Kühe vor ihren niederträchtigen Schlächtern zu erretten. Aischas spontan veranstaltete, chaotisch-mystische *Hadsch* (Pilgerfahrt) nach Mekka in den *Satanischen Versen* ist eine Persiflage nicht nur der heutigen, restlos organisierten, stilisierten und protzigen *Hadsch*, sondern auch eine Karikatur des Exodus und der Sintflut, von Pharaos Ertrinken im Roten Meer und auch der allgemein verbreiteten religiösen Illusionen und enttäuschten Hoffnungen (versinnbildlicht durch die Schmetterlinge, die die Seherin Aischa bedecken). Übrigens beruht Aischas *Hadsch* auf einer wahren Geschichte, die sich 1983 in Karatschi zutrug. Eine junge schiitische Seherin, die behauptete, Visionen vom Imam zu empfangen, führte eine Gruppe von Anhängern in dem Glauben ins Meer, daß das Wasser auf wundersame Weise weichen und einen Weg über Basra zu der heiligen Stadt Kerbala freigeben würde. Die meisten Pilger ertranken. Rushdie läßt die *Hadsch* nach Mekka in Titlipur stattfinden; also am Ort der Schmetterlinge, der gleichzeitig eine Art indisches Yathrib oder Mekka ist. Aischa führt in einer burlesken Prozession die gesamte Bevölkerung des Dorfes ins Meer. Rushdie beschreibt sie in einem pseudo-heroischen Ton, der sich zur beißenden Satire über die Dummheit der gesamten Angelegenheit und Situation wandelt. Und wieder sind die Schmetterlinge religiöse Illusionen und falsche Hoffnungen, von denen Aischa lebt und die sie dann an die Armen und die einfachen Gemüter verfüttert.

Rabelais schuf die berühmte Abtei von Thélème als ein Anti-Kloster, das für beiderlei Geschlecht (unter dem Motto ›tu, was du willst‹) offen war, in dem das Leben nicht mehr durch Glockenklang, Klostermauern und erstickende Vorschriften reglementiert wurde. Rushdie schafft analog das mittlerweile ebenso bekannte mekkanische Bordell *Hidschab*[9], als Anti-Harem, der von Mahounds neu geschriebenem Gesetzbuch unabhängig ist. Möglicherweise lebt dort im Verhalten und der Phantasie der Geist von Thélème fort. Während der wirkliche Harem noch im Bau war und einem einzigen Mann gehörte, war der *Hidschab* für jedermann zugänglich. Die von Rabelais durch die Hinterbacken ersetzten Wangen tauchen plötzlich in verbesserter Form in den *Mitternachtskindern* auf: im Erröten der Pobacken.

Alles in allem scheinen Rushdies Parodien des islamischen Allerheiligsten heutzutage kaum empörender als Rabelais' berühmte Travestien der geheiligten Texte des Christentums, der Wunder Christi (wie die Auferstehung Epistemons), der biblischen Genealogien, der heiligen Kommunion (in der Blut zu Wein verwandelt wird) und der kirchlichen Hierarchien – zumal Parodien des Allerheiligsten der

---

[9] Anm. d. Ü.: Da »*Hidschab*« in der deutschen Übersetzung der *Satanischen Verse* nur einschränkend mit »Vorhang« wiedergegeben wird, wodurch die Konnotationen des englischen »Curtain« sowie die arabischen Bedeutungen »Schleier«, »Hülle«, »Vorhang« und »Scheidewand« verlorengehen, wurde hier durchgehend das arabische »*Hidschab*« verwendet.

klassisch-islamischen Literatur und dem Denken nicht derart unbekannt sind, wie mancher heutige Kritiker das anzunehmen scheint. Wenn Rushdie die Figur des christlich-mittelalterlichen ›Mahound‹[10] verwendet, um damit auf den Propheten anzuspielen, kann das im Sinne von Rabelais' Strategien ganz ähnlich verstanden werden: Indem er Namen oder Spitznamen verwendet, die gleichzeitig Beleidigung und Kompliment enthalten, erzielt er einen bestimmten ironischen Effekt der Enthüllung und konstruiert ein kritisch-distanziertes Paradoxon. Dadurch verwandelt er Unverschämtheiten in Lob und umgekehrt.

Es folgen einige Rushdie und Rabelais gemeinsame Merkmale von allgemeinerer Art:

Rushdies Romane sind mit sozialem Sprengstoff geladen, machen aber zusätzlich ausgiebigen Gebrauch von Politik und Geschichte, Mythologie und Religion, von Theologie und Philosophie, von Prosa, Lyrik und Folklore, von Anekdoten und allen Spielarten der alltäglichen Lebenserfahrung in der zeitgenössischen Ersten und Dritten Welt.

Wie vor ihm Rabelais bezieht Rushdie in seiner Prosa zu allen größeren Konflikten seiner Epoche immer die jeweils progressivste Position der Zeit, ob nun auf politischer, kultureller, sozialer, ideologischer, religiöser oder wissenschaftlicher Ebene. So schreibt er im *Lächeln des Jaguars* über sich selbst und sein Politikverständnis:

»Als dann die Reagan-Regierung ihren Krieg gegen Nicaragua begann, spürte ich eine noch engere Verbundenheit mit diesem kleinen Land auf einem Kontinent (...), den ich noch nie betreten hatte. Von Tag zu Tag wuchs mein Interesse an diesem Land – schließlich war ich selbst Kind einer erfolgreichen Revolte gegen eine Großmacht, mein Bewußtsein Produkt des Triumphs der indischen Revolution. Und vielleicht war es gar nicht so abwegig zu vermuten, daß die unter uns, die nicht aus den reichen Ländern der westlichen oder nördlichen Hemisphäre stammten, etwas miteinander gemeinsam hatten – nichts so Krudes wie die typische ›Dritte Welt-Mentalität‹, aber doch eine Ahnung davon, was es heißt, der Schwache zu sein, wie

---

10 Während des Mittelalters im Englischen und Französischen gebrauchte Verfälschung von Muhammads Namen, die *Teufel* bedeutet.

die Dinge sich von der Position des Unterlegenen her ausnehmen und wie es ist, wenn man zu dem Stiefel hochblickt, der sich auf einen herabsenkt.«

In Rushdies Romanen wird den natürlichen Funktionen des Körpers wieder etwas von der Wichtigkeit beigemessen, die sie im wirklichen Leben auch tatsächlich haben. Seine Bilder vom essenden, trinkenden, Darm entleerenden, urinierenden oder kopulierenden menschlichen Körper erinnern an ihre noch wesentlich grotesskeren Rabelaisschen Vorläufer. Bemerkenswert ist die Betonung der Öffnungen und Auswüchse des Körpers wie Mund, Nase, Bauch, Genitalien und Brüste. (In den *Satanischen Versen* wird Zeeny Vakils Brüsten verschwenderische Aufmerksamkeit zuteil, und Saleem Sinais Nase gelangt in den *Mitternachtskindern* zu ungeheurer Bedeutung.)[11] Das in den *Satanischen Versen* verwendete Bild von Khomeinis weitgeöffnetem Mund, der die revolutionären Volksmassen verschlingt, entspricht ganz und gar Rabelais. Des weiteren soll der groteske Realismus Rabelais' in bezug auf den Körper die offiziell sanktionierten und äußerst keimfreien religiösen Idealvorstellungen von der menschlichen Erscheinung und den guten Sitten demaskieren und entweihen. (Es sei nur an den Kontrast zwischen Don Quixote de la Mancha und Sancho Panza erinnert.)

In ähnlicher Weise dienen die grotesken körperlichen Verwandlungen, die den Einwanderern der *Satanischen Verse* bei der Ankunft in London widerfahren (für englische Augen eklige und haßliche Veränderungen), unter anderem dazu, den Rassismus, der den herrschenden Schönheitsstandards innewohnt, bloßzustellen und die ästhetischen Ideale einer allumfassenden, offiziell sanktionierten Vermarktungsideologie lächerlich zu machen. Wie nicht anders erwartet, dient dieselbe ekelerregende Verwandlung des Körpers zuweilen als Quelle von Gemeinschaft, von Solidarität und Rebellion unter den Einwanderern selbst (Chamchas Erlebnis der organisierten Erhebung im Sanatorium). Das heißt ganz allgemein: So wie Rabelais verachtend Schabernack treibt mit den Forderungen, den Idealen und

---

11 Michail M. Bachtin, *Rabelais und seine Welt*, Frankfurt/M. 1987 (insbes. Kap. 5 und 6) hat die Wichtigkeit dieses Punktes bei Rabelais ausgesprochen und betont.

den Geboten der damals noch herrschenden mittelalterlichen Grundanschauung des Christentums vom Erhabenen, machen sich Rushdies Romane mit nicht geringerem Hohn und Spott über die mittelalterlichen Anschauungen der Hindus und Muslime vom Guten, Wahren, Schönen her.

So wie bei Rabelais entdeckte ich in Rushdies einfallsreichen Darstellungen der gegenwärtigen Zustände ein beruhigendes Maß an gesundem Zynismus, der das Bild abrundet, weil er niemals zu modischem Pessimismus und/oder Nihilismus verkommt. Rushdies bewunderungswürdige kritisch-ironische Distanz bewahrt seine Satire davor, zur bloßen Tarnung von Verzweiflung zu werden, und schützt seine Kunst vor der Gefahr des erneuten Dogmatisierens und Moralisierens. Am allerklarsten tritt das bei der humorvollen Anprangerung der »Krankheit des Optimismus« (in den *Mitternachtskindern*) zutage – einer Anspielung auf die selbstgerechte Siegerpose, die von den neokolonialistischen Eliten (den neuen Maharadschas), die Länder wie Indien und Pakistan seit der Unabhängigkeit beherrschen, so zynisch propagiert wird.

Rushdies Kunst offenbart durch diesen Charakterzug ihre unmittelbare Verwandtschaft mit Voltaire, der wie kein anderer Kritiker die Krankheit des geistlosen Optimismus und der uneingeschränkten Jubelstimmung als größter und progressivster Kritiker bekämpfte. Diese Verbindung hat nichts Merkwürdiges, wenn man bedenkt, daß Rabelais im nachhinein zutreffend der ›Voltaire des sechzehnten Jahrhunderts‹ genannt wurde und Voltaire sich seinerseits zum Einfluß des satirischen Werks von Rabelais bekannte. Rushdies Romane strotzen außerdem vom Motiv der imaginären Reise, das für Voltaires *Philosophische Gesänge (Zadig, Candide, Der Harmlose)* so charakteristisch ist. Es sollte ohne Probleme möglich sein, aus Rushdies Werk seine uneingeschränkte Zustimmung zu Voltaires bekanntem Denkspruch zu schließen: »Wer dir Unsinn glaubhaft machen kann, kann dich auch zu Ungeheuerlichkeiten veranlassen.« So verabreicht der pakistanische Militärdiktator seinem Volk in den *Mitternachtskindern* ein Gebräu aus den merkwürdigsten Spielarten des Chauvinismus, des Gemeinschaftsfanatismus und der religiösen Frömmelei, um im Namen eines reineren und echteren Islam im Pandschab die

Greueltaten gegen die bengalische Bevölkerung vorzubereiten. Natürlich hält Rushdie mit seiner Zuneigung zur Aufklärung, ihren Errungenschaften und umwälzenden Auswirkungen für die moderne Welt, nicht hinter dem Busch.

Wenn schon der Nobelpreisträger Nagib Machfus der arabische Balzac sein soll, so neige ich zu der Auffassung, daß Salman Rushdie sich durchaus als der muslimische James Joyce entpuppen könnte. Mir scheinen die gleichen kulturellen Kräfte, historischen Prozesse und sozialen Gegensätze das Auftreten eines arabischen Balzac begünstigt zu haben, die auch das Auftreten eines muslimischen Joyce denkbar machen.

Ecrasez l'infame:
Joyce und Rushdie

Das avantgardistische Chicagoer Literaturjournal *The Little Review*, das *Ulysses* zuerst (als Fortsetzungsroman) herausbrachte, wurde wegen Veröffentlichung obszönen und subversiven Materials angeklagt. Nach der Veröffentlichung als Buch im Jahr 1922 in Paris wurde der wohl wirkungsvollste und einflußreichste Roman des Jahrhunderts nicht nur wegen Blasphemie, Obszönität und Subversion diffamiert, sondern von der Kritik auch abgetan als »Latrinenliteratur«, »Einladung zum Chaos«, »literarischer Bolschewismus« und als »ausreichend, um einen Hottentotten krank zu machen«. Das Irland von Joyce reagierte damals nicht anders auf seinen Roman als Rushdies Indien-Pakistan kürzlich auf die *Satanischen Verse*: Verbannt das Buch, *Ecrasez l'infame*. So wie der Roman eines im Exil lebenden Iren über die Iren nicht für Iren bestimmt sein konnte, so soll ein Roman eines im Exil lebenden Inders/Pakistani über Inder und Pakistani nicht für Inder und Pakistani bestimmt sein. Die Erzählungen von Joyce, die seinem inneren Irland entstammen und von der Krankheit des wirklichen Irland handeln, schockierten seine Landsleute und Glaubensbrüder und versetzten sie in Wut wegen seiner Enthüllungen, Beschreibungen und Kritik. Auch Rushdies Romane, die ebenfalls seinem inneren Indien entstammen und die Krankheit des tatsächlichen Indien beschreiben, brachten seine Landsleute und

Glaubensgenossen in Rage und schockierten sie – und auch viele andere. Als Folge davon befanden sich die beiden in einer ähnlich mißlichen Lage: Joyce, ein Pariser Ire, wurde von seiner Kirche verdammt; Rushdie, ein Londoner Inder, wurde von zahlreichen Kirchen angeprangert und von einer speziellen verdammt.

In den Vereinigten Staaten wurde *Ulysses* erst 1933 freigegeben – und auch das erst nach langwierigen rechtlichen Auseinandersetzungen. Der Vorsitzende Richter – zum Literaturkritiker verwandelt – schloß seine Überlegungen mit den Worten: »Aber ich bin nach langem Nachdenken zu der begründeten Überzeugung gelangt, daß *Ulysses* zwar vielerorts als Brechmittel auf den Leser wirkt, aber nirgends als Aphrodisiakum.«[12] In England blieb das Buch bis 1936 indiziert.

Bedenkt man, daß Rushdies Kunst im Übergangsbereich von englischer und indischer Welt entstand – wie seinerseits die Kunst von Joyce zwischen englischer und irischer Welt entstand –, dann sollte es nicht überraschen, wenn die *Satanischen Verse* sich entweder als der anglo-indische *Ulysses* entpuppten oder zumindest als ein bedeutenderer Roman des neuen – vom Thatcherismus völlig umgebauten – Vielvölkerstaates England. Denn in diesem Land hat die Invasion der herrschenden Ideologie von kommerziellem Opportunismus, neureichem Eigennutz und primitivem Rassismus niemanden verschont. Bei diesen Themen nimmt Rushdie kein Blatt vor den Mund und geizt weder mit kritischen Parodien noch mit scharfen Karikaturen.

In den *Mitternachtskindern* wird der Künstler Saleem Sinai satirisch porträtiert, wie er sich als junger Mann von den engen Grenzen, die ihm bürgerliche Familie, unumgängliche Religion und weitverbreiteter Chauvinismus setzen, befreit. Er sagt von sich selbst (oder von Saleem Sinai):

»Angespornt vom eklektischen Geist meiner neun Jahre (...) [war] ich der Illusion des Künstlers verfallen (...) und [hielt] die vielfältigen Realitäten des Landes für das ungeformte Rohmaterial meiner Begabung (...) ›Ich kann einfach alles herauskriegen!‹ triumphierte ich. ›Es gibt nichts, was ich nicht in Erfahrung bringen kann!‹«

---

12 Der vollständige Text der Gerichtsentscheidung über die Aufhebung des Verbots von *Ulysses* ist in der englischen Ausgabe des Romans von 1933 (Random House) abgedruckt.

Wie es Joyce in *Ein Porträt des Künstlers als junger Mann* mit Stephen Dedalus tut, so setzt Rushdie seinen Saleem Sinai in den *Mitternachtskindern* ins Zentrum seines Werkes, umgeben von immer größer werdenden Kreisen von Familie, Religion, Stadt, Land und Empire. Allesamt begrenzen und formen sie den Künstler, wollen aber gleichzeitig von ihm interpretiert und transzendiert werden. In den *Mitternachtskindern* denkt Saleem, »ich bin die Summe all dessen, was vor mir geschah«.

Das Thema Exil dominiert das Werk beider Autoren. (Joyces einziges Theaterstück trägt den Titel *Verbannte*.) Ihre Kunst entwickelt sich vor dem Hintergrund eines verfallenen, von Politikern und Priestern oder Mullahs beherrschten Indien-Pakistan oder Irland für Joyce. Es erübrigt sich zu sagen, daß beide Länder vom britischen Kolonialismus geschröpft und zerteilt worden waren. Die beiden Autoren wählten für ihr Exil den Westen im radikalsten Sinne: mit Paris und London hatten sie sich dessen glänzendste Hauptstädte ausgesucht. Wie Joyce im Exil ganz und gar Ire blieb, besessen von Zustand und Schicksal Irlands und Dublins, so bleibt Rushdie vollkommen an den Zustand seines Landes und seiner Heimatstadt gefesselt: Er bleibt ganz Inder, und seine Gedanken kreisen um Indien-Pakistan und die Stadt Bombay.

Joyce war sich schmerzlich der Tatsache bewußt, daß er in einer anderen als seiner eigenen Sprache über Irland schrieb und damit den Literaturschatz seiner Unterdrücker bereicherte. Beides läßt sich auch in Rushdies Kunst wahrnehmen. Sowohl *Ulysses* als auch die *Satanischen Verse* sind strenggenommen mehrsprachige Werke. Sie sind gespickt von Heteroglossie (um Bachtins Ausdruck zu verwenden) und weitschweifigen zwischensprachlichen Wortspielen, *double-entente*, und Umgangssprache. Im konsequenten Einsatz einer Vielfalt von Stilen, Ausdrücken, Erzählweisen und volkstümlichen Sprachformen folgt Rushdie ausdrücklich Joyce, wie auch beim Ausschlachten verschiedener ihm vertrauter Sprachen, Dialekte und Traditionen in der Komposition seiner Meisterwerke; in seinem Falle Arabisch, Persisch, Urdu, Türkisch, Hindi, Sanskrit, indisches Englisch und einige europäische Sprachen.

Die Zeichen von Reue, Bitterkeit, Angst, Isolation, Schmerz,

Kampf und der ewige Traum von Aussöhnung, die das Leben des Künstlers im Exil bestimmen (und das negative Bewußtsein des Verbannten ausmachen), sind alle in den Romanen beider Autoren manifest. Joyce äußerte sich über das Exil als einen Zustand »ohne Liebe, ohne Land, ohne Frau«, er war dauerhaft von den Themen Isolation, unberechtigte Machtergreifung und Verbannung besessen. Zwei typische Statements von Rushdie zum gleichen Thema seien zum Vergleich genannt: Das erste stammt aus einer Unterhaltung mit seinen revolutionären Gesprächspartnern in Nicaragua, das zweite aus den *Satanischen Versen*:

»Ich sagte: ›Da habt ihr Glück.‹ Die Frage nach dem Heimatland hatte mich nie losgelassen. Das konnten diese fünf freilich nicht verstehen – warum sollten sie auch? Niemand schoß auf mich.«

»Wir sind Geschöpfe der Luft, Wir wurzeln in Träumen Und Wolken, werden wiedergeboren Im Flug. Lebt wohl.«

Beide Bücher sind also gleichzeitig extrem realistisch und extrem künstlich. Mit akribischer Hingabe verweben sie den offenen Horizont und die Spannweite der Träume, Tagträume und Mythen – also die den Menschen aller Kulturen eigenen persönlichen Erfahrungen – mit der dokumentarischen Präzision einer statistischen Erhebung. Zur Charakterisierung der Schreibform der *Satanischen Verse* übernimmt Rushdie sogar bewußt den arabischen Begriff *takalluf*, einer Verbindung von gekünstelt Wirklichem und unwirklich Konkretem. Diese Schreibform ermöglicht beiden Schriftstellern zu sagen: Das Leben in Irland-Indien-Pakistan ähnelt dem Erleben des Publikums bei der Lektüre unserer Romane, statt daß sie einfach sagten: Das zeitgenössische Leben in Irland-Indien-Pakistan ähnelt den Beschreibungen unserer Romane. Vor allen Dingen glaubt keiner der beiden Autoren, was sein Land und seine Religion, offiziell oder inoffiziell, über sich sagen; und keiner akzeptiert, was die Exilländer von sich selbst denken und halten. In allen Orten und Fällen ist nichts, was es zu sein scheint, geradeso wie im Traum.

In Rushdies Romanen spielt Bombay die gleiche zentrale Rolle wie Dublin bei Joyce, und es wird ein ähnlich wenig schmeichelhaftes Bild der ›Bombayer‹ gezeichnet wie das von den Dublinern. Die von Rushdie entschleierte ›Gesellschaft‹ des städtischen Indien und Bombay ist mit Geldverdienen und Geldausgeben genauso beschäftigt, sozial genauso krank, moralisch genauso korrupt, genauso bigott und im gleichen Maße politisch repressiv wie die Dubliner ›Society‹, der Joyce die Maske vom Gesicht riß. Der Wert des Geldes, so wird bei beiden Schriftstellern deutlich, ist der einzige Wert, der von der Dublin-Bombayer ›Society‹ tatsächlich respektiert wird. Ihre spirituellen und religiösen Angelegenheiten können sie nicht mehr anders als nach dem Modell des Geldverkehrs organisieren. Joyce hatte auf sarkastische Weise diejenigen angeklagt, die Irland preisgaben, um sich dem Mammon zu verschreiben und zu »Handelsfürsten durch Machenschaften mit der Polizei« zu werden. Auch bei Rushdie findet man dieselbe energische Verurteilung derjenigen, die Indien und seine »Mitternachtskinder« fallenließen, um dem »Businessism« zu dienen und durch solche und andere Machenschaften zu muslimischen »Handelsfürsten« zu werden. Rushdie ist offensichtlich nicht weniger um den materiellen, moralischen und politischen Zustand Bombays besorgt als Joyce um den Dublins.

Joyce bettet sein modernes Spott-Epos *Ulysses* in den Rahmen des antiken Odysseus-Epos, jedoch zum Schaden einer unheroischen zeitgenössischen Wirklichkeit. Rushdie zieht sein Spott-Epos *Die Satanischen Verse* auf den Rahmen des alten Muhammad-Epos auf, diesmal sehr zum Nachteil einer wenig angenehmen muslimischen Gegenwart, die ihrem großen Geschichtswerk verpflichtet ist und gleichzeitig von ihm gehemmt wird. So haben Symbole und Chiffren wie das Reisen, Telemach, der Zyklop, Kalypso, der Hades, Sirenen, bewegliche Steine, Circe, Ithaka und Penelope in den *Satanischen Versen* ihre Entsprechung in den häufig auftauchenden Symbolen Pilgerfahrt, Mahound, Abu Sufian, Aischa, Jahannam (Hölle), Gibril, Treibsand (Jahilia), Hind, Mekka und Khadija.

Beide Romane bewegen sich nicht nur durch Raum und Zeit, sondern sind selbst ausgedehnte Reisen durch Labyrinthe politischer und kultureller Räume und Zeiten. Innerhalb dieser Reisen verleihen beide Autoren dem Fliegen wie dem Fallen besondere symbolische Bedeutung. Stephen Dedalus fliegt – gleich Ikarus, dem geflügelten Sohn des Daedalus – aus seinem irischen Labyrinth, nur um wieder zurückzufallen in den Mahlstrom des Exils, in ein Meer von Nöten. Im *Porträt des*

Künstlers als junger Mann bringt Joyce ebenfalls das Bild von Luzifers Fall ins Spiel: »Brightness falls from the Air.« Ähnlich in den *Satanischen Versen*: Durch den Absturz eines geflügelten Etwas mit dem Namen *Bostan* (Garten) erleidet Chamcha beim Flug aus dem indischen Labyrinth einen ›Engels‹-Sturz in das Meer der Londoner Nöte. Leopold Blooms Reise endet mit der Rückkehr ins Bett seiner treulosen Penelope – der einfachen, praktisch denkenden und unprätentiösen Molly Bloom. Dublin bleibt sein Ithaka. Auch Saladin Chamcha kehrt am Ende der Reise ins Bett seiner untreuen Penelope zurück, der erdverbundenen und natürlichen Zeeny Vakil, durch ihre unkomplizierte, zupackende und emanzipierte Art die einzig bewundernswerte Figur der *Satanischen Verse*. Bombay hört niemals auf, sein Ithaka zu sein; und Zeenat Vakil – ganz ihrem Namen entsprechend[13] – dient dem Roman nicht nur als Schmuck, sie ist die Hauptakteurin bei Chamchas Rückgewinnung von Bombay und Indien.

Rushdie wie Joyce machen der Art von Religiosität, in der sie aufwuchsen, mit ihrer Kunst – und besonders mit der Satire in allen ihren Spielarten – unzweifelhaft den Wahrheitsanspruch streitig, um die Rechte einer neuen literarischen und künstlerischen Spiritualität durchzusetzen. Im *Porträt des Künstlers als junger Mann* machte Joyce seiner Kirche den Garaus und rechnete mit ihren Dogmen, Sakramenten, Mysterien und Jesuiten ab. Er wählte das luziferische Motto *non serviam* und distanzierte sich damit scharf vom buchstabengetreuen, klaustrophobischen, anachronistischen und defensiven Staats-Katholizismus Irlands. Um einem buchstabengetreuen, klaustrophobischen, anachronistischen und defensiven Staats-Islam Indiens entgegenzutreten, übernahm Rushdie implizit dieses Motto, indem er »Unterwerfung«, in der kein Mensch mehr als ein *Abdallah* oder *Amatullah* (Sklave Gottes) ist, karikiert. Im Falle Rushdies wird allerdings die Situation durch kollektive psychologische Komplexe, die den indischen Islam heimsuchen, zusätzlich verkompliziert: Weitaus die Mehrheit der indischen Muslime hat keinen wirklichen Zugang zum arabischen Original des Koran, auf dem indischen Subkontinent bilden sie nur eine Minderheit, und ihre mächtigeren

---

13 »*Zeenat*« = Schmuck, Verzierung; »*Vakil*« = Bevollmächtigter, Geschäftsführer, Anwalt.

Nachbarn sind noch nicht einmal ›Angehörige von Buchreligionen‹, sondern verabscheuungswürdige Götzenanbeter, als *kafir*[14], *majus*[15] und ›Steinwäscher‹. Die Komplexe des irischen Katholizismus angesichts der anmaßenden Gegenwart des protestantischen Nachbarn und Gebieters sind hinlänglich bekannt. Offensichtlich waren Joyce und Rushdie erschüttert von der Erkenntnis, daß das, was ihnen als letzte Wahrheit und höchste spirituelle Weisheit ausgeteilt worden war, von der sie umgebenden modernen Welt mit nicht mehr Achtung betrachtet wurde als das »hintergründige und merkwürdige Kauderwelsch der Heraldik und der Falknerei«, wie Joyce sagt.

Fraglos sind die beiden Autoren Meister der Rabelaisschen Kunst des Erdichtens und Verkündens von entlarvender *parodia sacra*. Für Joyce ist Gott »ein Schrei in der Straße«, für Rushdie ist Er das ›Überwesen‹. Stephen Dedalus lehnt die Eucharistie ab und verspottet die Lehre von der Transsubstantiation mit der Feststellung, am meisten fürchte er die mögliche chemische Reaktion »dieses Symbols der Unterwerfung und Knechtschaft« mit seiner Seele. Natürlich sind Teile der *Satanischen Verse* eine burleske Verzerrung der islamischen Lehre vom Prophetentum und *Wahi* (göttlicher Offenbarung). Nach Joyce nehmen die Gläubigen die Hostie wie ein schmerzlinderndes Betäubungsmittel zu sich. Sein Bloom hält die Kommunion für Dublins beliebteste Droge (»schließe deine Augen und öffne deinen Mund«). Die einschläfernde Wirkung von Religion ist natürlich nicht auf den Katholizismus begrenzt, sie gilt in Joyces Augen auch für »Buddha, der es sich – mit aufgestütztem Kinn – gutgehen läßt«, und auch für jenen Sondertypus von Religiosität, den die amerikanischen Erweckungsprediger verkörpern. Rushdies Werk kennt ähnliche Bilder. In den *Mitternachtskindern* wird die Gründung Pakistans auf groteske Weise Buddha zugeschrieben, der »erleuchtet unter einem Baum in Gaya« sitzt. Dagegen wird Buddhas Losgelöstsein vom irdischen Leiden und sein Erlangen des inneren Friedens direkt mit Saleem Sinai verbunden, der sich in der »Kunst der Unterwerfung« übt und auf diese Weise ein guter Bürger des heutigen Pakistan wird. Gleichzeitig spielt der modische amerikanische »Weltschöpfungswis-

---

14 »*kafir*«: Ungläubiger, Gottloser; »*kufr*«: Blasphemie.
15 Magier, Anhänger des Mazda-Glaubens.

senschaftler« Eugen Dumsday (*doomsday* = Jüngstes Gericht) in den *Satanischen Versen* eine gewisse Rolle.

Diesen Vergleich mit Joyce möchte ich mit zwei Kommentaren abschließen: Das primäre Interesse von Joyce und Rushdie gilt Irland respektive Indien. Joyce verwirft die Vorstellung eines Irland, das ›Medizinmännern‹, Priestern oder dem Empire untertan ist. Rushdie verwirft mit gleicher Verve die Vorstellung eines Indien, das nicht weniger seinen ›Magiern‹, Mullahs und neuen Repräsentanten des Empire unterworfen ist. Entgegen dem ersten Eindruck bieten die Werke der beiden Autoren wenig Raum für bohemienhafte Gleichgültigkeit. Der Humor ihrer Kunst soll diese Ergebenheit untergraben; er ist ein Bestandteil der literaturkritischen Praxis von Veränderung und Befreiung.

Männerphantasien

Die provokantesten Teile der *Satanischen Verse* spielen im mekkanischen Bordell *Hidschab*. Die Erlebnisse Baals, des großen Satirikers von Jahilia, und deren letztliche Folgen haben den größten Unwillen herausgefordert und wurden (in Ost und West) am schärfsten getadelt. Der Prophet ging mit seinen ideologischen Widersachern wesentlich rigoroser um als mit seinen physischen Feinden: nach seinem triumphalen Einzug in Jahilia (Mekka) befahl er, Baal tot oder lebendig zu ihm zu bringen. Aber Baal, der treu am Glauben an Al-Lat festgehalten hatte, suchte im Etablissement der Madame *des Hidschab* Zuflucht, wo er eine symbolische Rache an Mahound ersann: Er selbst spielte (in der Phantasie) den Propheten und überredete die Bordellmädchen, dessen Frauen darzustellen.

Beim wiederholten Lesen von Rushdies *Hidschab*-Episode drängten sich vier gedankliche Verbindungen immer wieder in den Vordergrund: zu Brechts erstem Stück *Baal*, zur Circe-Episode im *Ulysses*, zu Jean Genets Stück *Der Balkon* und zur Harems-Geschichte aus Fellinis autobiographischem Film *8½* aus dem Jahr 1963.

Brechts Baal ist – wie auch Rushdies – ein Dichter und Satiriker. Beide Baals sind Außenseiter, die nach ihren eigenen Regeln leben. Beide sind derbe, wollüstige, opportunistische Weiberhelden und Säufer. Beide sind Antihelden, die es zum Unmoralischen, Asozialen und Destruktiven hinzieht. Über Rushdies Baal heißt es: »Dieser junge Verfasser von Schmähschriften hat bereits die gefürchtetste Zunge in ganz Jahilia.« Er ist als der Dichter der großartigsten und berühmtesten »gereimten Bosheiten« am Ort bekannt. »Und wenn aus den Wunden, die seine Verse reißen, Ströme von Blut fließen, so werden sie ihn nähren.« Die Existenz beider Baals ist von Aufmüpfigkeit geprägt, eine Eigenart, die in ihren Gedichten und in ihrer Meinung von der Rolle dieser Dichtung deutlich durchscheint. Für Rushdie ist sein Baal »der stolze, hochmütige Kerl«, dessen Dichtung die Funktion habe, das »Unnennbare zu benennen, Betrug aufzudecken, Stellung zu beziehen, Auseinandersetzungen in Gang zu bringen, die Welt zu gestalten und sie am Einschlafen zu hindern«. Als Konsequenz ist dieser Baal ein Mann ohne Freunde; die Ausnahme bildet eine vorübergehende Vertrauensbeziehung zu Salman dem Perser, die sich kurz vor dessen knapper Flucht in sein Heimatland entwickelt. Brechts Baal ist ebenfalls ohne Freunde, abgesehen von einer stürmischen Haßliebe, die ihn an Ekart bindet. Keiner der beiden Baals könnte sagen, »ob er der glücklichste oder der unglücklichste Mensch auf Erden war«. Schließlich gehen beide Baals sehenden Auges in den Tod – befriedigt, aber trotzig, unbesiegt und unzerstört. Da keiner in seinem Kampf aufgibt, stellt sich ihr Tod eindringlich als lebensbejahender Akt dar und keineswegs als nihilistisches, unbedeutendes Happening, wie es die augenblickliche literarische Mode gebieten würde. Dem Leser und Zuschauer drängt sich der Eindruck eines bitteren Sieges auf. Im entscheidenden Moment, im *Hidschab*, beginnt Baal »mit unsicheren Schritten, über die Vorstellungen von Göttern und Führern und Gesetzen hinauszukommen und zu erkennen, daß (...) eine große Entschlossenheit vonnöten war. Daß diese Entschlossenheit höchstwahrscheinlich seinen Tod bedeuten würde, fand er weder erschreckend noch sonderlich beunruhigend (...) da begriff Baal, welche Form seine endgültige Konfrontation mit der ›Unterwerfung‹ würde annehmen müssen.« Der so entschlossene Baal »verlor jenes eigentümliche Gefühl der Sicherheit, das er im ›Vorhang‹ (Hidschab) kurz kennengelernt hatte, aber das neuerliche Bewußtsein der Vergänglichkeit und die Gewißheit, entdeckt zu werden und dann sterben zu müssen, machten ihm interessanterweise keine Angst. Er (...) stellte jetzt zu seiner großen Überraschung fest, daß der Gedanke an den bevorstehenden Tod ihn tatsächlich befähigte, die Süße des Lebens zu genießen...« Diese Worte könnten ebensogut zur Schilderung von Brechts Baal geschrieben worden sein.

Nach der Schließung von *Hidschab*, dem Selbstmord der Madame und der Festnahme der zwölf dort arbeitenden Prostituierten verkündet Baal trotzig: »Ich bin Baal. (...) Ich erkenne kein anderes Urteil als das meiner Muse, genauer gesagt, meiner zwölf Musen an.« Ähnlich schleudert er, nach der Endphase seiner Rache an seinem Verfolger, Mahound dem Propheten die Herausforderung ins Gesicht: »Ich bin fertig. Mach was du willst.« In einem wahrhaft utopischen Sinne widerlegt Baals Tod (wie auch Rushdies gegenwärtige Situation) den weitverbreiteten ›realistischen‹ Glauben, den Abu Simbel formuliert: »Das ist eine große Lüge, denkt der Grande von Jahilia, während er in den Schlaf sinkt: die Feder ist mächtiger als das Schwert.« Es ist ein großes Kompliment an Rushdies satirischen Witz, seine moralische Entschlossenheit und seine innere Stärke, daß man an ihm die besten Eigenschaften seines Baal wiederfinden kann. Denn auch Rushdie benannte das Unnennbare, deckte Betrug auf, bezog Stellung, brachte Auseinandersetzungen in Gang, gestaltete die Welt und hinderte sie daran einzuschlafen. Tot oder lebendig wollen ihn deshalb die derzeitigen Repräsentanten des Propheten im Iran. Außerhalb seiner Kontrolle liegende Kräfte zwangen ihn, Zuflucht zu suchen; in Unterkünften, die weitaus weniger bezaubern als der *Hidschab*, und mit Gestalten, die weitaus weniger inspirieren als Baals zwölf Musen-Mädchen. Rushdie sieht der Todesdrohung klar ins Gesicht, er tritt ihr unbesiegt, unzerstört und ohne in seinem Kampf aufgegeben zu haben entgegen – und erinnert dabei an die besten Seiten der beiden Baals. Alles deutet darauf hin, daß er sich über die Art der Schlußkonfrontation mit der Unterwerfung voll und ganz im klaren ist. In Analogie zu Baals letzten und schönsten Versen nimmt Rushdies literarischer Rachefeldzug vermutlich bereits Form an.

Das vorrangige Thema künstlerischer Konstrukte wie *Hidschab*, Bella Cohens *Bordell*, Madame Irmas *Großer Balkon* und Fellinis *Harem* sind interessanterweise nicht Sex, sondern Erotik, die die Phantasie freisetzt – eindeutig nicht im Sinne irgendeiner negativen

Zerstreuung, sondern im Sinne einer Offenbarung des Menschen, einer persönlichen Katharsis und einer sozialen Wirksamkeit. Wie Genets Stücke *Die Zofen* und *Die Neger* andeuten, kann Phantasie über ›gefährliche‹ Möglichkeiten nachsinnen, radikale Alternativen zu bekannten Tatsachen aufstellen und vorerst zurückgestellte Formen einer Praxis der Umgestaltung und der Befreiung durchspielen. Ich sage das im vollen Bewußtsein der Tatsache, daß Praxis in Genets Werken mit aller Strenge die Praxis der letzten Verzweiflung bleibt und nichts weiter. In allen oben genannten Fällen gelingt den Künstlern Baal, Stephen Dedalus, Genet selbst (dargestellt durch den Sklavendichter im *Balkon*) und Fellini (als Guido in *8½*) durch die Verbindung von drei Erfahrungen ein geistiger Durchbruch: nämlich der erotischen Faszination, die von der Prostituierten (bzw. der Konkubine für Guido) ausgeht, der spirituellen Erhebung, für die die Jungfrau (oder in Entsprechung die Mutter der Gläubigen für Baal) steht, und die Erfahrung der dichterischen Inspiration durch die Muse. Es sei daran erinnert, daß der berühmte Monolog der Molly Bloom sie bereits in den klassischen weiblichen Rollen vorgeführt hatte: Jungfrau, Ehefrau, Mutter und Hure. Auch Baal erscheinen die *Hidschab*-Damen als »Mütter (der) Gläubige(n)«, »Ehefrauen« und »Huren«.

Der doppelte oder dreifache halluzinatorische Effekt von Fellinis Film *8½* ist wohlbekannt. Guidos Traum vom Harem ist eine Episode des Films, an dem Guido arbeitet – was wiederum ein Film berichtet, den sich Fellini erträumt und für uns inszeniert hat. Wieder bestimmen Jungfrau, Mutter, Ehefrau und Hure die Träumereien des Jesuitenzöglings Fellini. In *8½* zeigt er, wie er als Junge in der monströsen Gestalt der Saraghina, der ortsansässigen Prostituierten der einheimischen Fischer, das erste Mal die Weiblichkeit entdeckte. Diese Erfahrung trug ihm die erwartete strenge körperliche und geistige Züchtigung der Schulpriester ein. Die Jesuiten versuchten ihm so nachdrücklich wie möglich einzuprägen, daß Saraghina der Teufel sei.

Guidos Harems-Traum beginnt, als seine anstrengende Mätresse Carla und seine Ehefrau Luisa gleichzeitig während seiner Dreharbeiten für einen neuen Film über ihn herfallen. Er stellt sich sämtliche Frauen vor, die er jemals bewundert oder begehrt oder verzückt herbeiphantasiert hatte – Ehefrau und Geliebte inbegriffen. Sie waren einträchtig in einem Landhaus beisammen und verwöhnten ihn, tanzten zu seinem Vergnügen und wünschten sich nichts anderes als sein Lächeln und Wohlwollen; alles geschah unter der Leitung und Kontrolle von Luisa. Hier wird nicht nur die gesamte Palette der traditionellen weiblichen Rollen (Jungfrau, Mutter, Ehefrau und Hure) betrachtet, sondern auch Guido selbst tritt in seinen Phantasien in den unterschiedlichsten Rollen auf: als Weihnachtsmann, kleiner Junge, der in der Wanne gewaschen wird, König Salomo, Blaubart und peitschenschwingender Latin Lover, den die Frauen anhimmeln und dem sie sich unterwerfen. Die allgemeine weibliche Harmonie, die Guido umgibt, ähnelt ein Stück weit Baals Träumereien im *Hidschab* und den frommen muslimischen Bilderbuch-Harmonien, die normalerweise zum Thema des häuslichen und Ehelebens des Propheten verabreicht werden. Wie Guido phantasiert auch der inspirierte Künstler Baal (jetzt als der Dichterprophet und Prophetendichter) im *Hidschab*, daß seine Mädchen – ebenfalls völlig unterschiedlichen Alters – ihn bitten: »Wir wollen einfach, daß du der Chef bist«, denn sie wollten »nichts mehr sein (...) als die gehorsame und – jawohl – unterwürfige Gespielin eines Mannes, der klug, liebevoll und stark war«. So wie Luisa die Show Guidos dirigiert, dirigiert Khadija diejenige Baals (dargestellt von der Madame des *Hidschab*). Wie Guido sieht sich auch Baal in einer Vielzahl von Rollen gegenüber seinen Frauen: »Baal erfuhr, wie es war, wenn zwölf Frauen um seine Gunst, um sein Lächeln buhlten, während sie ihm die Füße wuschen und mit ihrem Haar trockneten, während sie seinen Körper ölten und für ihn tanzten und auf tausenderlei Art die Traum-Ehe in Szene setzten, die zu erleben sie nie für möglich gehalten hätten.« Wiederum, wie Guido mit seiner Peitsche, »wurde Baal selbstbewußt genug, um die Mädchen herumzukommandieren, zwischen ihnen zu schlichten und sie zu bestrafen, wenn er sich über sie ärgerte«.

Schließlich übt Giudo symbolische Rache an Carla und Luisa: anstrengende Mätressen und nörgelnde Ehefrauen werden in seinem utopischen Harem einfach beseitigt. Der Racheakt, den er an Luisa verübt, ist ziemlich streng. Sie erscheint nicht nur als ganz alltägliche, pflichtbewußte italienische Hausfrau in einem Landhaushalt (mit Schürze und allem, was dazugehört), Eimer mit dampfendem Wasser schleppend und Fußböden scheuernd, sondern geht in ihrer selbstlosen Unterwürfigkeit so weit, Guido eine aufreizende schwarze Tänzerin zum Geschenk zu machen, ein durchaus aufschlußreiches Detail. Sowohl im *Hidschab* als auch in seiner Entsprechung in der Wirklichkeit gab es mindestens eine schwarze Schönheit, während Bloom bei Bella Cohen davon träumt, daß er selbst als Sklavenmädchen in der Gunst von Bello, dem schnauzbärtigen Sklavenhändler, steht.

Genets Theaterstücke sind wie Rushdies Erzählungen äußerst politisch, kritisch, beleidigend und ketzerisch. Die Zensoren der Vierten Republik empfanden den *Balkon* als unerträglich und untersagten 1957 die Aufführung in Paris. (1962 wurde Pasolini in Rom aufgrund einer Anklage festgenommen, die ihm Beleidigung der Kirche durch die ›Ricotta‹-Szene seines Filmes *Rogopag* zur Last legte; einer hollywoodartigen Parodie auf biblische Epen oder ›Theologicals‹.) Das Auftreten von Symbolen der Autorität und Macht – wie Bischof, Richter und General – in Madame Irmas Bordell war der Zeit einfach zuviel, selbst in Frankreich, dessen Behörden normalerweise entspannter mit kulturellen und moralischen Dingen umgehen. (Schließlich war die gebundene Erstausgabe des *Ulysses* in Paris erschienen, und nicht etwa in Dublin, London oder in den Vereinigten Staaten.) Lucien Goldmann nannte den *Balkon* das erste große Brecht-Stück der französischen Literatur.

Gerade der Name von Genets Bordell, *Der große Balkon*, paßt als Synonym für Öffentlichkeit und Zuschauer zum Medium des Theaters (und zu einer modernen Gesellschaft des Spektakels), während gerade der Name von Rushdies Bordell, *Hidschab*, Vorstellungen von Privatheit und Geheimhaltung weckt und damit dem Medium des Romans (und einer scham- und geheimhaltungsorientierten islamischen Gesellschaft) angemessen ist. Dennoch entsprechen sich die beiden Etablissements genau, denn im *Balkon* spielt sich alles Intime und Private hinter zugezogenen Vorhängen ab, während der *Hijab* ein öffentliches Haus bleibt, dessen Mädchen während der Arbeitszeiten pausenlos zur Verfügung stehen. Der *Große Balkon* ist »une maison d'illusions«, in der Phantasien in altbekannte Wirklichkeiten eines Bischofs, Richters und Generals verwandelt werden, während der *Hidschab* »das Haus der kostspieligen Lügen« ist, wo die neuen Realitäten wie Prophet und Harem in den Stoff, aus dem die Träume sind, umgewandelt werden. Solche Illusionen haben nicht nur ihren eigenen Wahrheitsgehalt, sie können auch wichtige Wahrheiten vermitteln und Augen öffnen. Genet sagte einmal: Wir müssen lügen, um die Wahrheit zu sagen. Madame Irmas *Balkon* vermittelt uns eine Ahnung von den zeitgenössischen Bischöfen, Richtern, Generälen und Polizeichefs, während wir im *Hidschab* andeutungsweise erfahren, was Propheten, Erzengel, göttliche Offenbarungen und »Unterwerfung« anbetrifft. Am Ende steht Roger, Genets oberster Revolutionär, in diesem »Haus der Illusion« der ›Wahrheit‹ seines Widersachers, des Polizeichefs, gegenüber und übt an ihm Rache, indem er sich selbst vernichtet. Auf ähnliche Weise wird Rushdies oberster Rebell, Baal, im »Haus der kostspieligen Lügen« schließlich mit der Wahrheit seines Gegners konfrontiert und rächt sich an ihm, was ihn ebenfalls das Leben kostet.

Die abgekapselten Welten von *Hidschab* und *Großem Balkon* existieren und funktionieren vor dem Hintergrund einer Revolution, die in der Außenwelt stattfindet. Sie bedroht in beiden Fällen die Existenz des Bordells. Im *Balkon* mißlingt die Revolution, nachdem die Königin, der erzbischöfliche Palast, die Gerichtshöfe und das Hauptquartier der Armee zerstört wurden. Während der Polizeichef der Herr der neuen gegenrevolutionären Ordnung wird, versetzt Genet Madame Irma und ihre Klienten aus dem »Haus der Illusionen«, um sie im Dienste des neuen Unterdrückungsregimes Königin, Erzbischof usw. werden zu lassen. In der *Hidschab*-Erzählung gelingt die Revolution nach der Zerstörung der alten Zentren und Symbole der Macht von Jahilia. Während ihr Chef, Mahound, der Führer der neuen revolutionären Ordnung wird, befördert Rushdie ihn und seine »Königinnen« ins »Haus der kostspieligen Lügen«, um dort zu Dichter-Eunuch, Madame und Bordellmädchen zu werden und dadurch die neue Herrschaft der Unterwerfung zu untergraben. (Wenn im Theater eines Genet die Irma zur Königin werden kann, kann nicht verhindert werden, daß die »Königinnen« des Islam in Rushdies Erzählung zu Irmas werden.) Unbezweifelbarer Hintergrund von *Hidschab* und *Balkon* ist die Errichtung einer neuen Ordnung durch einen Anführer, der die Fähigkeit besitzt, die Autorität über das gemeinsame Volk zu behalten, und intelligent genug ist, dessen Traditionen und Bräuche auszubeuten, um absolute Macht zu erreichen. Genau wie der

Polizeichef sich erfolgreich um die Unterstützung durch Irma und ihre Klientel bemühte, um seine Vorherrschaft zu legitimieren, diente die Erlaubnis, den *Hidschab* für eine Zeitlang weiter zu betreiben, Mahound zur Konsolidierung seiner neugewonnenen Macht. Gemeinsam betrachtet ist die Quintessenz beider Werke, daß weder die Legitimation noch die Subversion von realer Macht in der realen Welt ohne Häuser der Illusion oder der kostspieligen Lügen vonstatten gehen kann. Und wieder stellt sich die große utopische Frage: Kann die moderne Menschheit einen Zustand erreichen, in dem die Ausübung und Übertragung von Macht ohne »Häuser der Illusion« und »Häuser der kostspieligen Lügen« auskommt?

Im Inneren von *Hidschab* und *Großem Balkon* gilt die größte Aufmerksamkeit der neuen politischen Ordnung, die sich außerhalb etabliert, während die Phantasien und Bilder, die sich im Inneren der Etablissements offenbaren, um Themen kreisen, die mit sozialer Macht und Prestige zu tun haben. Die Hauptbeschäftigung im Inneren ist demnach nicht der Sex, sondern der Gebrauch von Sex zur Erfüllung bestimmter Träume, indem Phantasien ausgelebt werden. Bei Madame Irma werden die Phantasien als Ritual aufgeführt: Ein Bischof vergibt einem schönen reuigen Mädchen die Sünden, ein Richter verhängt mit Wonne Urteile über Gelegenheitsdiebe, und ein General, der sich in seinen militärischen Siegen sonnt, reitet auf einem Pferd, das von einer der Huren Irmas gespielt wird. Auch Bloom hatte bei Bella Cohen ähnliche Doppelphantasien gehabt: von sich selbst als Verführer, Verräter, Falschmünzer, Jack the Ripper, Bigamist, Bordellwirt, gehörnter Ehemann, Judas Ischariot, als der größte Reformer der Welt, Wohltäter der Menschheit, »emperor president and king chairman«, der weise Salomo, Ehemann der Mondgöttin und Gründer des neuen Bloomusalem.

Der Klatsch im *Hidschab* dreht sich um die neue revolutionäre Ordnung in Jahilia, um den Revolutionsführer und seine zwölf Frauen. Die Kunden jammern dauernd: »Ein Gesetz für ihn, ein anderes für uns.« Eines der *Hidschab*-Mädchen beschreibt die Situation so: »Hör mal zu, die Frauen in diesem Harem da, die Männer [d. h. die Kunden] reden von nichts anderem mehr. Kein Wunder, daß Mahound sie eingesperrt hat, aber dadurch ist es nur noch schlimmer geworden.

Was man nicht sehen kann, malt man sich eben in der Phantasie aus.« So wie Irma ihr Geschäft betreibt, um die Träume ihrer Kunden zu erfüllen, veranlaßt die Madame des *Hidschab* ihre Mädchen, die Rolle der Frauen des Propheten zu spielen, um die Phantasien ihrer Kundschaft zu befriedigen. Wie die Mädchen im *Balkon* ihre Rollen völlig angenommen hatten und ihr Ansehen aus dem beständigen Für-den-anderen-da-Sein bezogen, waren auch die *Hidschab*-Mädchen derart »in ihre Rollen hineingewachsen«, daß sie sogar ihre eigentlichen Namen vergaßen. »Das jahrelange Inszenieren von Männerphantasien hatte schließlich ihre Träume korrumpiert.« In der Tat übernahmen die *Hidschab*-Mädchen ihre Rollen so sehr, daß ihre Allianzen zum Spiegelbild der politischen Cliquen in der Moschee von Yathrib[16] wurden, in der Mahound und seine Frauen lebten. Die Aischa des *Hidschab* wurde die »Meistgeliebte« der Kundschaft und wurde zunehmend bedacht auf ihren Status als Meistgeliebte. Interessanterweise genießt Carmen, die dienstälteste Hure von Irma, ihre Rolle als ›Unbefleckte Empfängnis von Lourdes‹ so sehr, daß sie die Madame flehentlich bittet, die gleiche Rolle wieder und wieder spielen zu dürfen. Zur Entschädigung weist ihr Irma die Rolle der Heiligen Theresa zu. Genet und Rushdie sorgen mit diesen Persiflagen für verräterisches Lachen und gesellschaftskritische Bemerkungen, wenn etwa die maskierten Kunden des *Hidschab* im Kreis um die in der Mitte gelegene Quelle der Liebe herumlaufen, gerade wie die Pilger, die – aus ganz anderen Gründen – um den Schwarzen Stein von Mekka herumschreiten. Ein befriedigter Baal betrachtet die Zeremonie und denkt sich: Es gibt »mehr als eine Möglichkeit, die ›Unterwerfung‹ zu verweigern«. (Eine ähnliche Quelle befindet sich in der Mitte des unteren Hofes von Rabelais' Abtei von Thélème.)

Trotz der Abgeschlossenheit von *Hidschab* und *Großem Balkon* stammt die treibende Kraft aller Träume, die sich im Inneren entfalten, aus einer äußeren Quelle. Der Vorreiter der neuen Gesellschaftsordnung, der in der realen Welt reale Macht ausübt, wird als Antithese des Bordells und seiner Welt von Illusionen und kostspieligen Lügen angenommen. Das zentrale Problem des *Großen Balkon* ist,

---

16 Der ursprüngliche Name von Medina.

daß noch kein Besucher die Rolle des neuen Machthabers spielen wollte, um dadurch den Ruhm des Polizeichefs zu vergrößern. Im *Hidschab* herrscht genau das entgegengesetzte Problem: Baal und die Prostituierten haben – sehr zum Nachteil aller Betroffenen – die Rollen des neuen Herrschers und seiner Frauen bereits gespielt.

Roger, der Anführer der gescheiterten Revolution im *Balkon*, rächt sich an seinem Feind, indem er im Bordell von Irma die Rolle des Polizeichefs spielt, was dazu führt, daß er sich selbst kastriert. Er rächt sich sozusagen in einem Akt der magischen Nachahmung: Er imitiert das Erscheinungsbild seines Feindes und zerstört anschließend genau dieses Bild. Rushdies Baal nimmt auf genau die gleiche Weise Rache. Die Tatsache, daß die zentrale Figur der Situation in beiden Fällen in einem Haus der Illusion und der kostspieligen Lügen nachgespielt wird, verdeutlicht, daß seine Macht einen sicheren und absoluten Charakter angenommen hat. Der einzig mögliche Handlungsverlauf ist in beiden Fällen ein Attentat auf den Schatten des Feindes, in der utopischen Hoffnung, daß dadurch die Bilder der Unterdrückung und Unterwerfung ihre Macht einbüßen, sobald die Zeit reif ist. Die Rachephantasie von Genets Roger entfaltet eine so große Wirkungskraft, daß der Polizeichef sogar für einen Moment denkt, er sei tatsächlich kastriert worden. Auch die phantasierte Rache von Rushdies Baal sorgt dafür, daß Mahound für einen Moment zum Gespött seiner eigenen gläubigen und gehorsamen Anhänger wird. Diese letzte Erniedrigung fügt Baal seinem Feinde zu, indem er während seines Prozesses öffentlich – vor Mahound – seinen Traum erzählt.

Es muß abschließend betont werden, daß Baals Rache kulturspezifisch ist und auf der Voraussetzung beruht, daß in einer patriarchalischen und stark schamorientierten islamischen Gesellschaft die Ehre eines Mannes, sein soziales Ansehen und sein Status aufs innerste mit der Keuschheit und der sexuellen Reinheit seiner Frauen verbunden ist. Deshalb lautet eine der schlimmsten Beleidigungen, die ein arabischer Mann einem verachteten Gegner ins Gesicht schleudern kann: »Möge die Reinheit deiner Frauen (deines Harems) befleckt werden«, oder als Alternative, »Schande soll auf deine Frauen kommen«. Die höchste Stufe verbaler Aggression ist die Drohung: »Ich werde deine Frauen ficken.« Gleichzeitig beschwört ein Araber, wenn er jemanden um einen Gefallen bittet oder ihm Gutes wünscht, oft die Standardformel: »Mögen deine Frauen beschützt bleiben« (vor sexueller Schande und Schändung). Die Rachephantasien Baals in den *Satanischen Versen* bringen diese beiden traditionellen Beleidigungen gegen Mahound und seine Frauen zur konkreten Anwendung. So träumte Baal (in Gibrils Traum) von der Schändung der Frauen des Propheten, indem er Doubles im *Hidschab* schuf, von der restlosen Verletzung ihrer Keuschheit und Reinheit durch den andauernden Geschlechtsverkehr mit ihnen und von der daraus resultierenden öffentlichen Erniedrigung des Mahound durch das, was mit den »Müttern der Gläubigen« geschah. Dabei sollte nicht vergessen werden, daß in einer schamorientierten Gesellschaft die Schande und der Skandal, der auf die Tat folgt, schlimmer als die Tat selbst sind. *Sutra* – auf arabisch das Gegenteil von Schande – ist ein entsprechend kostbares Gut und erstrebter Wert. Nachdem er sich seinen Henkern durch seine Dichtung selbst gestellt hatte, geht der Dichter nach vollbrachter Tat befriedigt und trotzig in den Tod.

II. Tatsachen

Mit Sicherheit ist das intellektuelle und kulturelle Leben in der muslimischen Welt – und ich kann nur über die arabische Welt mit einiger Sicherheit sprechen – keineswegs so konformistisch islamisch, so bedingungslos religiös und geistig so stagnierend, wie einen die zahllosen Darstellungen, Interpretationen und Erklärungen glauben machen wollen, die von westlichen Kommentatoren, Kritikern, Journalisten, Spezialisten, Politikern und den Medien ganz generell angesichts der Rushdie-Affäre gegeben wurden. Es hat schon ganz andere Affären gegeben, die mit der Rushdies Ähnlichkeit hatten. Sie betrafen unter anderem folgende Autoren, Denker und Intellektuelle: Ali Abd Ar-Raziq, Taha Hussein, Nagib Machfus, Khalid Muhammad Khalid, Muhammad Ahmad Khalaf Allah, Abd Allah An-Nadschar, Abd Allah Al-Qusaimi, Nadim Bitar, Ibrahim Khlas, Sadik Jalal Al-Azm, Abd Allah Al-Alayli, Suleiman Bashir, Hammud Saleh Al-Udi – und die Liste könnte beliebig verlängert werden.

Wo liegt der Fehler?

Ich werde mich hier auf zwei besonders interessante Fälle konzentrieren. Im ersten Falle gründet sich das Interesse auf die Tatsache, daß selbst ein Neuling im zeitgenössischen arabischen Leben wie der Nord-Jemen bereits seine eigene ›Rushdie‹-Affäre mit dem entsprechenden Skandal hatte. Ich beziehe mich hier auf den Fall des Hammud Al-Udi, der bis vor einigen Jahren an der Universität von Sana versuchte, aus dem Blickwinkel eines ernsthaften Historikers und Sozialwissenschaftlers die Geschichte des Jemen zu lehren, anstelle aus dem Blickwinkel der »islamischen Erschaffungslehre«. Muslimische Fundamentalisten prangerten Udi als *Kafir* und Ungläubigen an und forderten seinen Kopf. Die offizielle Liste nannte die üblichen Anklagepunkte gegen ihn: er sei von Gott abgefallen, er verspotte Gott, den Propheten und seine Gefährten, er greife den Islam und den Koran an, predige den Kommunismus, dessen Lehren er verbreite und verherrliche und dessen führende Köpfe er verherrliche. Udi setzte sich trotz dieser Hetze tapfer zur Wehr. Er publizierte einen offenen Brief an den Präsidenten der Republik und eine lange geistvolle Verteidigung seiner selbst, seiner Schriften und seines Berufes. Danach tauchte er eine Zeitlang unter, um später im Süd-Jemen wieder in Erscheinung zu treten, wo er gegenwärtig an der Universität von Aden lehrt. Eine Reihe von Kommuniqués[17] wurde von prominenten arabischen Intellektuellen, Autoren und Künstlern veröffentlicht, um Udi in seinen Rechten zu unterstützen, und zur Verurteilung seiner Verfolgung und seiner Verfolger.

Der zweite Fall führt uns zurück ins Beirut der späten siebziger Jahre, wo der ehrwürdige sunnitische libanesische *Alim*[18] und Geistliche Abd Allah Al-Alayli im Jahre 1978 sein Buch *Ayna-l-Khata (Wo liegt der Fehler?)* publizierte. Die Tatsache, daß Scheich Alayli für seine eindrucksvolle klassische und linguistische Gelehrsamkeit

---

17 Udi veröffentlichte alle Dokumente, die sich auf seinen Fall von 1986 beziehen, unter folgendem Titel: *The Accusation and the Defense: First Dossier*. Es wird kein Herausgeber genannt, obwohl der Druck höchstwahrscheinlich in Aden stattfand. Eine Liste mit den insgesamt 135 Namen und Unterschriften der arabischen Intellektuellen, die sich mit ihm solidarisierten, wurde ebenfalls vervielfältigt.
18 *Alim* (plural: *Ulama*): Islamischer Theologe und Gesetzesgelehrter.

äußerst bekannt ist, trug wesentlich zu dem großen Aufruhr bei, den das Buch in den Kreisen der libanesischen *Ulama* aller Couleur und Schattierungen verursachte. Es war sogar so, daß sein Status als prominenter Geistlicher und religiöser Gelehrter in den Augen der weniger etablierten Kollegen alles noch viel schlimmer machte. Das religiöse Establishment des Islam im Libanon konnte zu der Zeit genügend Druck ausüben, um das Buch schnell aus den Geschäften zurückrufen zu lassen.

Aufmerksame Leser fanden schnell heraus, daß man es bei Alaylis Buch trotz des völlig konventionellen Stils mit einer verblümten Enthüllung der vollkommenen geistigen Trägheit der *Ulama* zu tun hatte; und gleichzeitig mit einem sarkastischen Kommentar über ihr abgrundtiefes Unwissen über *Din* und *Dunya*, also gegenüber ihrem eigenen religiösen Erbe wie auch gegenüber der sie umgebenden modernen Welt, deren Zwängen sie zunehmend ausgesetzt sind. Denjenigen Muslimen, die aufgewühlt werden von den Problemen und Dilemmas, denen sie durch das moderne Leben – mit seinen Notwendigkeiten und seinem zunehmenden Tempo – unausweichlich ausgesetzt sind, macht Alayli diverse revolutionäre Vorschläge. Argumente und Verteidigungen trägt er auf ironische Weise und im tadellosen Stil eines muslimischen *Faqih*[19] vor, mit allen entsprechenden Zitaten aus Koran und Hadithen.

In seinem wichtigsten Vorschlag verlangt er die Schaffung eines Justinianischen Gesetzbuches für den Islam, das das islamische Recht in seiner Gesamtheit ohne jede Ausnahme und/oder Sonderstellung bearbeiten soll. Alayli schlägt mit anderen Worten ganz offen vor, ein universales Gesetzeswerk zu schaffen, das in sich sämtliche Rechtstraditionen vereinigt – von welcher muslimischen Sekte, Gruppe, Schule, Meinungsrichtung und aus welcher Zeit sie stammen mögen: ob von den Sunniten, Schiiten, Kharidschiten, Drusen, Alawiten, Abaditen, Mutaziliten, Ismailiten, Yaziden und allen sonst noch Vorstellbaren. Angesichts der Fülle und Verschiedenartigkeit dieses maßgeblichen juristischen Nachschlagewerks versichert Alayli zuversichtlich (und natürlich mit ironischem Hintergedanken), es gebe kein einziges Problem im modernen Leben und Handeln der Mus-

---

19 Gelehrter der islamischen Gesetzeswissenschaft.

lime, für das sich nicht wenigstens eine Lösung oder ein Schlüssel zu einer Lösung, die mit den Erfordernissen des modernen Lebens verträglich sind, finden ließe – man müsse nur den entsprechenden Paragraphen des vorgeschlagenen Gesetzbuches bemühen. Und Alayli erregte bei den libanesischen Orthodoxen aller Glaubensrichtungen Anstoß, indem er eine wunderschöne und komplizierte *Fatwa*[20] schrieb, nach der es jeder heiratsfähigen muslimischen Frau erlaubt war, jeden heiratsfähigen Nichtmuslimen in einem Routineakt zu heiraten; in einem Land wie dem Libanon eine besonders relevante und heikle *Fatwa*.

Die Serie der Rushdie-ähnlichen Affären in der arabischen Welt, die von Ali Abd Ar-Raziq (man könnte auch bis zu Qasim Amin zurückgehen) bis zu Hammud Al-Udi reicht, macht einige grundsätzliche Beobachtungen notwendig:

Eindeutig hat diese Kette von Büchern, Zwischenfällen und Kontroversen eine zunehmend befreiende Wirkung auf das moderne Denken der Gegenwart, auf die Kultur und das Leben ganz allgemein in der arabischen Welt. Ehemals unberührbare Tabuthemen werden so in den Bereich des kritischen Denkens, der unabhängigen Vernunft und der weltlichen Debatten gerückt. In einem gewissen Sinn setzen Rushdies *Satanische Verse* diesen Trend auf natürliche Weise auf der Ebene der schöpferischen Literatur fort. Dieser Punkt ist besonders wichtig, wenn man bedenkt, daß derartige religiöse Themen und Tabus in der gegenwärtigen arabischen Romanliteratur lange Zeit nicht offen und mutig behandelt worden sind. Mahfuz' Roman *Die Kinder unserer Gasse* ist die bemerkenswerte Ausnahme, die trotz der taktvollen, diskreten und versöhnlichen Herangehensweise des Romans seinem Autor die Verdammung durch die islamische Universität *Al-Azhar* einbrachte. Das Buch ist aber dennoch überall in der arabischen Welt erhältlich.

Bezeichnend ist auch, daß die betreffenden Bücher und Autoren das gesamte gesellschaftspolitische Spektrum abdecken: rechts, links und gemäßigt (wobei zeitweise Bücher radikaler sein können als ihre Autoren). Zum Beispiel war Abd Ar-Raziq ein aufgeklärter konserva-

---

20 Islamisches Rechtsgutachten.

tiver Geistlicher von der *Azhar*, der in der Manier eines klassischen *Alim* für die Abschaffung des Kalifats argumentierte. Er hielt sich dabei vollkommen an die Regeln des traditionellen islamischen Diskurses. Taha Hussein vertrat die klassische liberale Position, sowohl politisch als auch mit der Wahl einer kritischen Herangehensweise an sein Thema. Mein Buch *Die Kritik des religiösen Denkens* verband die linke Position der Marxisten mit einer Religionskritik von radikal-aufklärerischem Zuschnitt. Demgegenüber blieb Abd Allah Qusaymi der nihilistische Nietzscheaner und Bilderstürmer, der er immer gewesen war, während der arabische Nationalismus von Muhammad Ahmad Khalaf Allah immer näher in die Richtung von chauvinistischer Selbstverherrlichung rückte. Wenn eine Einordnung der *Satanischen Verse* an dieser Stelle erlaubt ist, gehören sie voll und ganz zum Lager der radikal-demokratischen Linken, von deren Geist und Sichtweise sie in ihren Kritiken, Ironien und Satiren viel zum Ausdruck bringen.

Mit Gewißheit kann angenommen werden, daß die Skandale, die jede einzelne dieser Affären auslöste, wesentlich mehr mit den Staatsgeschäften als mit den Angelegenheiten des Glaubens zu tun hatten. Im Fall von Abd Ar-Raziq zum Beispiel war seine oppositionelle Haltung gegenüber Schritten und Bestrebungen des Hofes, nach denen König Fu'ad I. von Ägypten zum Kalifen aller Muslime ernannt werden sollte, allgemein bekannt. Gleichermaßen unbezweifelbar hat König Fu'ad seine gesamte Macht eingesetzt, um die etablierte Azhar-Geistlichkeit durch Druck zu mobilisieren, Abd Ar-Raziq zu bestrafen, indem sie ihn zum *Kafir* erklärten und ihn aus dieser islamischen Burg ausschlossen. Die politischen Umstände entscheiden in Wirklichkeit immer, welche dieser Affären lokal begrenzt bleiben (Khalaf Allah, Qusaymi, Al-Udi) und welche zu spektakulären Skandalen und berühmten Rechtsstreiten (Taha Hussein, Al-Azm, Rushdie) aufgeblasen werden. Die regionalen und internationalen politischen Umstände, durch die Rushdies Roman zum internationalen Ereignis ersten Ranges und zum *cause célèbre* wurde, der in beispielloser Weise um die Welt ging, sind allgemein bekannt.

Derselbe Umstand erklärt eindeutig, weshalb die Rushdie-Affäre keine nennenswerten Reaktionen in der arabischen Welt auslöste, abgesehen von den ohnehin zu erwartenden rituellen Verdammungen der Regierungssprecher und Repräsentanten der Geistlichkeit. Angesichts des Streites zwischen König Fahd von Saudi-Arabien und Khomeini um die Führerschaft in der ›Islamischen Internationale‹ und eingedenk des Versuchs des Ayatollahs, die Position eines übergreifenden muslimischen Papstes für sich selbst (mittels der *Satanischen Verse*) in Anspruch zu nehmen, betrachtete die arabische Welt die ganze Rushdie-Affäre mit einiger Skepsis – wen wundert's! Fairerweise sollte ich hinzufügen, daß die Serie der Rushdie-ähnlichen Vorfälle das kulturelle Leben der arabischen Welt zunehmend für kritische Debatten über Religion unempfindlicher gemacht hat. Keiner der in die explosiven Affären verwickelten arabischen ›Antihelden‹, die genannt wurden, ließ für die Sache sein Leben oder erlitt als Folge wirklich ernsthaften Schaden; trotz Anklage wegen Apostasie von offizieller Seite, trotz Verurteilung wegen *Kufr* in den Freitagsgebeten und trotz der Prozesse wegen Schmähung des Islam[21].

Es ist von Bedeutung, daß die arabischen Intellektuellen die massivste und vernehmbarste Verteidigung Rushdies innerhalb der gesamten islamischen Welt formulierten. 50 arabische Schriftsteller, Dramatiker, Kritiker, Dichter, Maler und Universitätsdozenten brachten in Damaskus eine gehaltvolle Petition in Umlauf, in der sie Rushdies Recht »zu leben und zu schreiben« verteidigten und alle Drohungen gegen ihn – das Todesurteil des Ayatollahs inbegriffen – offen verurteilten[22]. Der ägyptische Nobelpreisträger Nagib Machfus solidari-

---

21 Die einzige Ausnahme ist der Sudanese Mahmoud Muhammed Taha. Der modernistische islamische Theologe und religiöse Reformer wurde 1985 auf Geheiß Numeiris wegen Apostasie gehenkt, kurz bevor dessen korruptes Militärregime durch einen Volksaufstand gestürzt wurde. In seinem Prozeß, der jeder Beschreibung spottete, verteidigte sich Taha auf eine Art, die eines Sokrates oder Ibn Hanbal würdig gewesen wäre.

22 Die Beiruter Tageszeitung *Assafir* veröffentlichte am 23. 3. 1989 die maßgeblichen Passagen der Petition mit den Namen der Unterzeichner. – Siehe außerdem Milton Viorsts *Syria*, in *The New Yorker*, 8. 1. 1990. Ungefähr 30 in Paris lebende Intellektuelle aus islamischen Ländern (unter ihnen 19 Araber) erklärten ihre Solidarität mit Rushdie in *Le Nouvel Observateur*, 23. 2.–1. 3. 1989 unter dem wirkungsvollen Titel: *Wir alle sind Rushdie*.

sierte sich mit Rushdie und verurteilte die hysterischen Verfluchungen durch Irans Geistliche, wenngleich er sich später nicht mehr so eindeutig äußerte. Der in London lebende syrische Denker und Kritiker Aziz Al-Azmeh verteidigte Rushdie während der heißesten und gefährlichsten Momente ausgesprochen mutig im britischen Fernsehen und in der Presse[23].

Im Lichte dieser Überlegungen sollte deutlich werden, warum die Behauptungen des Westens über Rushdies persönliche Rolle und Eigenverantwortung beim Verursachen des Skandals (»er wußte, was er tat!«) ganz einfach naiv, irreführend und abwegig sind. Zu Rushdies großem Verdienst trägt bei, daß die mächtigen Eliten in Indien und Pakistan bereits über seine früheren Romane in Zorn geraten waren. Man kann sicher davon ausgehen, daß solch gefährliche, bewaffnete Feinde eine so gute Gelegenheit wie die Veröffentlichung der *Satanischen Verse* nicht hätten verstreichen lassen, ohne offene Rechnungen mit ihrem Verleumder zu begleichen. Es sei mir gestattet zu erwähnen, daß im Juni 1967 – nach dem militärischen Blitzsieg Israels – meine kritischen Schriften über Politik, Kultur und Gesellschaft in der arabischen Welt in ähnlicher Weise die Klassen-Interessen der Mächtigen berührten und die herrschenden Eliten (besonders in Ägypten und im Libanon) in Rage brachten. Sie nutzten dann im Dezember 1969 – als mein Buch *Die Kritik des religiösen Denkens* in Beirut erschien – die Gelegenheit, um mit ihren Kritikern und Widersachern abzurechnen[24].

---

23 *An-Naqid*, London, Nr. 9, März 1989, und Nr. 16, Oktober 1989 (in Arabisch). Siehe auch seinen Artikel *Poisoned Utopia*, The Guardian, 17. 2. 1990. – Siehe auch Feisal Darrajs Artikel ›Salman Rushdie im Spiegel der extremistischen religiösen Kräfte‹, in: *The New Jordan*, Nikosia, Zypern, Nr. 12–13, Frühjahr 1989 (in Arabisch), und Fawaz Tarabulsi, *Der Fall Salman Rushdie: Das satanische Spiel*, *Zawaia*, Paris, Nr. 1, Juli–August 1989 (in Arabisch).
24 Siehe auch die zwei Artikel von Stefan Wild: »Sadiq Al-Azm's Book ›Critique of Religious Thought‹«, in: *Actes*, Ve Congrès international d'Arabisants et Islamisants, Bruxelles 31. 8.–6. 9. 1970 [*Correspondance de l'Orient* No 11], sowie »Gott und Mensch im Libanon. Die Affäre Sadiq Al-Azm«, in: *Der Islam* No 48, 1972.

Die Anderen
oder: »Aliens Show«

Vor dem Hintergrund dessen, daß westliche Kritiker und Kommentatoren derart offensichtlich versuchen, Rushdies Roman (und Zwangslage) zu entpolitisieren, wird die Betonung der politischen Dimension zum Imperativ, denn Rushdie ist ein progressiver Kämpfer. Er ist im Gegensatz zu der anscheinend unter westlichen Literaturkritikern weitverbreiteten Meinung weder eine schöne Seele, die die *condition humaine* ganz allgemein ergründen will, noch ist er ein gleichgültiger Künstler, der sich mit dem ewigen metaphysischen Problem von Gut und Böse auseinandersetzt. Rushdies Erzählungen sind aufgebrachte und rebellische Untersuchungen von sehr spezifischen, unmenschlichen Lebensbedingungen, von einer besonders tückischen sozialen Situation und restlos korrupten politischen Verhältnissen.

Man nehme beispielsweise die übereinstimmende Meinung der Kritiker und Kommentatoren, daß Saladin Chamcha sich beim Aufprall auf englischen Boden zum ziegenähnlichen Monstrum und Teufel verwandelt, obwohl in Wirklichkeit überhaupt nichts Derartiges geschieht. Denn die Verwandlung vollzieht sich ausschließlich durch die Augen der rassistischen weißen Gesellschaft. Daher bereitet Chamcha während seines Abenteuers im Londoner Polizeiwagen das meiste Kopfzerbrechen die Tatsache, daß ein »Sachverhalt, den er als äußerst verwirrend und beispiellos empfand – das heißt, seine Metamorphose in einen Teufel –, von den anderen [d. h. den Beamten] so behandelt wurde, als wäre es die banalste und normalste Sache der Welt«.

Später im Sanatorium macht Chamcha mit weiteren abscheulichen Verwandlungen Bekanntschaft: »Da drüben liegt eine Frau (...) die mittlerweile zum größten Teil Wasserbüffel ist. Dann die Geschäftsleute aus Nigeria, denen kräftige Affenschwänze gewachsen sind. Und die Gruppe von Urlaubern aus dem Senegal, die nichts weiter taten, als auf ihren Anschlußflug zu warten, und in glibberige Schlangen verwandelt wurden.« Dann wird Chamcha, der sich selbst als »britischer Staatsbürger erster Klasse« versteht, verständlich gemacht, wie die Weißen das alles bewerkstelligen: »Sie beschreiben uns

(...) Das ist alles. Sie haben die Macht der Beschreibung, und wir sind den Bildern unterworfen, die sie sich von uns machen.« Wie bei Genet sind die Mädchen »Mädchen« und die Neger »Neger« nur in den Augen und durch den Blick des Meisters. In den *Negern* wiederholen die Neger fortwährend: »Wir sind wie sie uns haben wollen. Deshalb werden wir es absurderweise bis zum Ende sein.«

Hier liegt das Geheimnis der Absurdität von Chamchas Verwandlung in das abscheuliche Monstrum, das den Roman dominiert. Rushdies farbige Menschen unterwerfen sich so sehr, daß Chamchas entstellter Zustand als Teufel in den Augen seiner eigenen Leute, bei denen er sich versteckt hält, sogar noch schlimmer wird. Jedes einzelne dieser Geschöpfe hatte sich so sehr daran gewöhnt, sich selbst auf die Art zu sehen, wie es von diesem *Anderen* gesehen wird, daß der verwandelte Chamcha schließlich nur noch betäubt »in seiner kleinen Welt [hockt] und versuchte sich immer kleiner zu machen, in der Hoffnung, irgendwann vielleicht ganz verschwinden zu können und so seine Freiheit wiederzuerlangen«. Im Sanatorium (Fegefeuer) wird Chamcha von seinen fehlgeleiteten Loyalitäten geläutert, über seine britischen Illusionen aufgeklärt, und für seine letzte Reise zur Aussöhnung mit Zeeny Vakil, Bombay und Indien vorbereitet. Er gewinnt seine menschliche Gestalt erst nach einer intensiven und kostspieligen Katharsis-Erfahrung im *Hot-Wax-Club* wieder zurück, wo die farbigen Geschöpfe nachts an wirklichen und eingebildeten Unterdrückern eine symbolische Rache nehmen. Wie in Genets *Die Neger* die Weißen in der Phantasie durch die rituelle Darstellung eines Mordes vertrieben werden, so verjagt man auch in den *Satanischen Versen* die weißen Unterdrücker in der Phantasie durch die Inszenierung eines »Einschmelz«-Rituals von Wachsfiguren von »Maggie the Bitch« und anderen Feindgestalten.

Die nackte Wahrheit

Warum eigentlich kommt es mit solch verblüffender Regelmäßigkeit immer wieder zu Rushdie-ähnlichen Fällen? Warum all diese Rushdies? Ist es möglich, daß alle islamischen Gesellschaften und speziell die arabischen in der modernen Welt bereits so sehr ihren festen Platz haben, so sehr in den Gang der Zeitgeschichte eingebettet sind und derart unter den umgestaltenden Gegensätzen und Spannungen leiden, daß das Aufkommen von mehr und mehr Rushdies praktisch zur Zwangsläufigkeit wird? Antworten auf derartige Fragen können auf einer Vielzahl von Ebenen, wie auf wirtschaftlicher, sozialer, politischer, kultureller und ideologischer formuliert werden. Der entsprechende Diskurs auf jeder Ebene ist im Prinzip ohne große Schwierigkeiten in die Begrifflichkeiten jeder anderen Diskursebene übersetzbar. Ich möchte mich hier auf eine grundsätzliche Antwort auf erkenntnistheoretischer Ebene beschränken.

Als das bürgerliche Europa sich vom Katholizismus emanzipierte, sich modernisierte und säkularisierte, wurde die Wissenschaft als Forschungsmethode, als Wissenskorpus und als angewandte Technologie zur primären und entscheidenden Form von theoretischem und praktischem Wissen. Im Grunde ersetzte dieser neue Typus von Wissen alle früheren Formen der Aneignung, der Interpretation und des Handelns in der Welt, wie Mythen, Magie, Religion, Legenden, emotionale Begegnung oder scholastische Vernunft. Rushdies Roman *Mitternachtskinder* untersucht mit viel Scharfsinn, Gründlichkeit und Witz genau die Bereiche des Lebens der Hindus und Muslime, in denen jene archaischen Formen, die Welt zu begreifen, in verdichteter Form gegenwärtig, lebendig und dominant sind.

Mitte des 19. Jahrhunderts versicherte Karl Marx, daß keine vorkapitalistische Gesellschafts- und Wirtschaftsformation in der Lage sein werde, sich der Penetration und Destabilisierung durch das moderne sozioökonomische System des europäischen Kapitalismus zu widersetzen. Wenn sich jemals eine Voraussage im Bereich der Sozial- und der Geschichtswissenschaften vollkommen bewahrheitet hat, so ist es diese. Ich möchte analog argumentieren: Solange kein vorwissenschaftliches Glaubenssystem und keine Methode der Weltaneignung und des Handelns die Fähigkeit besitzt, sich erfolgreich der Penetration und Destabilisierung des modernen Systems der Wissenschaften zu widersetzen, werden in der islamischen Welt mit einer beinahe naturgesetzlichen Regelmäßigkeit weiterhin Rushdies auftauchen. Und solange existierende muslimische Gesellschaften sich nach Entwicklung ausstrecken, wirtschaftlichen Fortschritt suchen und sich wissenschaftlich-technisches Wissen aneignen, wird es immer einen Moment geben, in dem ein mutiger Rushdie die schmerzvolle Wahrheit aussprechen wird: der islamische ›Kaiser‹ hat ja gar keine Kleider an!

Als Kind einer außergewöhnlichen indischen Mitternacht war Saleem Sinai mit »der größten aller Gaben – der Fähigkeit, in die Herzen und Gemüter der Menschen hineinzusehen«, gesegnet worden. Nach eingehendem Studium entdeckte Rushdie wie sein Protagonist Saleem Sinai, daß im Gemüt dieses alten islamischen ›Kaisers‹ keine Wahrheiten mehr übriggeblieben waren, die in der modernen Welt Gültigkeit besäßen, und daß sein Herz allen Glaubens und aller Überzeugung beraubt worden war, die dem gegenwärtigen Leben angemessen oder in ihm anwendbar waren. Der Schriftsteller gibt folgende Beschreibung:
»Omar Chajjam saß zwölf lange Jahre, die entscheidendsten seines Lebens, in diesem abgeschiedenen Herrenhaus in der Falle, in dieser dritten Welt, die weder eine materielle noch eine geistige war, sondern etwas wie eine geballte Hinfälligkeit, die aus den vermodernden Überresten der beiden vertrauteren Weltordnungen zusammengebastelt war; eine Welt, in der er nicht nur ständig in die mottenkugelgespickte, spinnwebenverhangene, staubumhüllte Überfülle zerfallender Gegenstände geriet, sondern auch in die immer noch in der Luft hängenden verebbenden Ausdünstungen verworfener Ideen und vergessener Träume.«
Es ist meine wohlüberlegte Meinung, daß in den muslimischen Gesellschaften eine Klarheit darüber wächst, daß eine Entscheidung gegen das moderne System der Wissenschaftslogik, des Glaubens, des Erfassens der Welt und Handelns in ihr, nur möglich ist um den Preis der Selbstüberantwortung an den Mülleimer der Geschichte. Die Botschaft übermittelt Rushdie den Betroffenen in einfachen und ungeschminkten Worten:
»Geschichte ist natürliche Auslese. Mutierte Versionen der Vergangenheit ringen um Dominanz; neue Arten der Wirklichkeit entstehen, und alte, saurierhafte Wahrheiten werden mit verbundenen Augen und letzte Zigaretten rauchend an die Wand gestellt. Nur die

Mutationen der Starken überleben. Die Schwachen, die Anonymen, die Besiegten hinterlassen wenig Spuren: Feldmarken, Axtschneiden, Volkssagen, zerbrochene Krüge, Grabhügel, die verblassende Erinnerung an ihre jugendliche Schönheit. Die Geschichte liebt nur die, die sie beherrschen: eine Beziehung gegenseitiger Versklavung. Es ist darin kein Platz für Pinkies oder, nach Iskanders Ansicht, für Leute wie Omar Chajjam Shakil.«

Die zunehmende Bewußtwerdung von Wahrheiten trägt dazu bei, die gegenwärtige Heftigkeit konservativer und fundamentalistischer islamischer Reaktionen und die Beschaffenheit der Brutstätten, aus denen zukünftige Rushdies mit Sicherheit hervorgehen werden, zu erklären.

Eine Krise zieht sich in die Länge, wenn das Alte stirbt und das Neue nicht geboren werden kann. Die Rushdies erfassen und formulieren diese sozialgeschichtliche Krise der muslimischen Gesellschaften, sie benutzen sie und reagieren auf sie, aber sie produzieren sie nicht. Aus diesem Grunde verdammen diejenigen Muslime, die die Rushdies vorsätzlich unterdrücken, möglicherweise sich selbst und ihre Gesellschaften zu einem viel schlimmeren Schicksal als das von Rushdie. Ich möchte daran erinnern, daß Europa, als es sich vom Katholizismus emanzipierte und moderner und weltlicher wurde, mit einer Vielfalt von ›religiösen‹ Bewegungen gesegnet war, die die Verwirklichung dieses im höchsten Grade weltlich-bürgerlichen Geschichtsprojekts wie eine Bewegung hin zu Gott erscheinen ließen, wie ein Vollziehen seines höchsten Willens, anstelle des vollkommenen Gegenteils. Ob nun zum Vorteil oder zum Nachteil, die muslimischen Gesellschaften haben keine derartig komprimierte, mächtige und zweckdienliche Illusion zustande gebracht.

Die Auseinandersetzungen um Rushdie haben gezeigt, daß dieses Bild eines vollkommen gleichförmigen, bedingungslosen und stagnierenden Lebens im Islam auf den Gebieten der Kultur, der Religion und der intellektuellen Auseinandersetzung in subtilere, freundlichere und ausgeklügeltere Formen verpackt werden kann. Ich beziehe mich auf die gegenwärtig modische Gegenüberstellung von »unseren grundlegendsten westlichen Werten« und ihren »in höchsten Ehren gehaltenen muslimischen Werten«. Die Argumentation ist trügerisch einfach und verführerisch: Gewohnheiten wie religiöse Toleranz, Demokratie, das Recht der freien Meinungsäußerung und alles, was damit zu tun hat, sind eigentlich westliche Werte. Für benachbarte Kulturen (besonders die muslimischen) werden sie als fremdartig, abstoßend und als grundsätzlicher Gegensatz zu ihren eigensten Werten, ihrem in Ehren gehaltenen Glauben und ihrem verehrten Erbe empfunden.[25]

In Situationen wie dieser wird die Abwesenheit eines Riesen wie Sartre von der Weltbühne schmerzhaft deutlich. Ich kann mir vorstellen, wie er furchtlos, unzweideutig und unbeirrbar in die weltweite Debatte über die *Satanischen Verse* und ihre Nebenschauplätze eingegriffen hätte. Ein Einschreiten Sartres wäre hinausgegangen über alle Kulturen, Klassen, partikularistischen Interessen, beschränkten Werte und kleinlichen Überlegungen. Man hätte ihm zugehört, ihn verstanden, ihm zugestimmt und auf ihn reagiert – in China wie in der arabischen Welt, in der Sowjetunion nicht weniger als in Frankreich und in den Vereinigten Staaten nicht weniger als im geistlichen Iran. Sartre empfand sich nie als Gefangener des angeblich westlichen Universums von Dialog und tiefsten Werten. Nie dachte er herablassend von anderen Menschen als auf ewig in ihren eigenen kulturellen Einheiten Eingeschlossene und/oder auf Dauer dazu Verdammte, ihr Leben in den Grenzen ihrer »höchst authentischen« Glaubens- und Wertesysteme zu verbringen. Für ihn gibt es nur Ereignisse, Umstände und Prozesse, die durch menschliche Praxis geformt und wieder umgeformt werden: Sartre hätte Rushdie nie einzig und allein aufgrund eines abstrakten Rechts verteidigt oder opportunistisch Entschuldigungen für diejenigen bereitgestellt, die ihn im Namen ihrer grundlegenden Bindung an fremde, aber dennoch für »höchst authentisch« gehaltene Werte verfolgen. Als Philosoph der Freiheit *par excellence* hätte er ihn – zusätzlich zu einer grundsätzlichen Verteidigung Rushdies – sogar noch heftiger auf der konkreten gesellschaftspolitischen Grundlage verteidigt: gemessen

---

25 Zum Beispiel argumentierte Christopher Taylor aus Princeton im *Christian Science Monitor*, 3. 3. 1989, geschickt im Sinne dieser Position. Daniel Pipes brachte in *Commentary* (Juni 1989) die gleichen Argumente, während *Newsweek* (v. 27. 2. 1989) das Problem durch folgenden Hinweis noch weiter zuspitzte: »Im Zeitalter der Kommunikation leben wir und sie auf verschiedenen Planeten.«

an den Bedürfnissen und Erfordernissen der menschlichen Emanzipation in unserer geschichtlichen Epoche.

Die »innersten Werte« des Westens sind nicht immer das gewesen, wofür sie heute gehalten werden, und die angeblichen »authentischen Werte« der Muslime müssen nicht für immer das bleiben, was sie vermeintlich immer schon gewesen seien. 1989 hielt ich Vorträge an verschiedenen amerikanischen Universitäten. Ich erinnere die Verwirrung in den Gesichtern der Studenten und jüngeren Fakultätsmitglieder, als ich ihnen mitteilte, daß man zu der Zeit, als ich mich als Doktorand in ihrem Land aufhielt – und das ist wahrlich nicht sehr lange her –, *Lady Chatterley's Liebhaber* nicht legal kaufen konnte. Die Überraschung auf ihren Gesichtern wurde nicht weniger, als ich sie daran erinnerte, daß zu der gleichen Zeit die Romane von Henry Miller bei Olympia Press in Paris mit dem Verbot auf dem Buchdeckel erschienen: »Darf nicht nach Großbritannien und in die Vereinigten Staaten von Amerika importiert werden«; d. h., Zollbeamte waren gesetzlich dazu verpflichtet, den *Wendekreis des Krebses* zu konfiszieren, wenn sie das Buch bei Einreisenden in die Vereinigten Staaten oder Großbritannien fanden.

Ich muß eingestehen, daß mich dieser historische Gedächtnisschwund bei einer Universitätshörerschaft einfach schockierte. Das Auf und Ab der jüngsten Vergangenheit scheint in ihren Köpfen nivelliert worden zu sein zu einer undifferenzierten Ausdehnung der unmittelbaren amerikanischen Gegenwart und der momentan herrschenden Werte. Wenn die *Satanischen Verse* nur den einen Zweck haben, uns allen Distanz zu verschaffen von der abnormen Unmittelbarkeit zu der scheinbar ›ewigen Gegenwart‹, dann haben sie ihr Ziel bereits erreicht und ihren Zweck erfüllt. Für einen Araber wie mich war es damals beinahe peinlich, meine amerikanischen Gesprächspartner darauf hinweisen zu müssen, daß religiöse Toleranz ein Gemeingut ist und nicht nur ein »zutiefst westlicher Wert«, der für nichtwestliche und speziell für muslimische Menschen unerreichbar sein soll – ohne zu unterschlagen, daß die religiöse Toleranz für die moderne Welt in Europa erobert wurde, wenn auch zu einem sehr hohen und blutigen Preis. Dann stimmten alle, aber erst nach dem Hinweis, zu. Natürlich kannten alle aus Geschichtsbüchern die Inquisition, das Drama und die Gewalt der sich hinziehenden Religionskriege des Westens, das Schicksal der Hugenotten usw., aber das alles schien wie eine geschichtslose Kenntnis der Geschichte. Damit meine ich, daß die Kenntnis der Geschichte weder spontan auf das Verständnis eines hochinteressanten Ereignisses der Gegenwart wie die Rushdie-Affäre bezogen wurde, noch wurde ihr irgendeine direkte Relevanz für die Interpretation der weltweiten Bedeutung und Aussagekraft dieses Ereignisses zuerkannt. Geschichte wird demnach auf abstrakter Ebene zur Kenntnis genommen, aber auf praktischer Ebene geleugnet.

Karneval ist nach seiner klassischen Definition die Gelegenheit, zu der alles frei ausgesprochen werden darf. Die *Satanischen Verse* enthalten alle Elemente des Karnevals: Schauspieler, Clowns, Mimen, Kostüme, Masken, Verkleidung, Trubel, Zeremonien, Träumereien, Gelächter, Absurditäten, Metamorphosen und freie Rede über alles, angestachelt durch einen starken rebellischen Impuls. In einem früheren Werk stellte Rushdie knapp fest: »Der wahre Sinn der Masken besteht, wie jeder Schauspieler weiß, nicht darin, daß man sich verbirgt, sondern daß man sich verwandelt. Eine Kultur der Masken ist mit den Prozessen der Metamorphose zwangsläufig sehr vertraut.«

*Muhammad
und die Vereinten Nationen*

Rushdies karnevalistische Freimütigkeit des Denkens und des Sprechens schließt Vergangenheit und Gegenwart des Islam ein. Im gleichen Geist der Offenheit möchte ich ein Geständnis ablegen. In meinen jugendlichen Jahren trug ich mich mit Gedanken, stellte Fragen, hegte Zweifel und erhob Einspruch, auf ähnliche Weise, wie sich Rushdie damit in den *Satanischen Versen* befaßt. Ich rang mit Fragen wie: War Muhammad ein Prophet oder ein Staatsmann und Politiker? War er eine weltgeschichtliche Figur oder ein Werkzeug des göttlichen Willens und Plans? War er ein frommer, gottesfürchtiger Mann wie in den überlieferten Legenden oder ein schlauer und berechnender Fernhändler und Großkaufmann? War er ein Diener des Geistes und seiner höheren Ideale (à la Hegel) oder ein Schürzenjäger und Casanova? Nach der Lektüre von Freud fragte ich mich nach der psychoanalytischen Bedeutung Muhammads früher Heirat mit einer Frau, die seine Mutter hätte sein können, und seiner späteren Schwärmerei für Mädchen, die seine Töchter hätten sein können. Sein Schachzug, den alten Stammesbrauch der Adoption abzuschaffen, um dadurch auf schnellem Wege an die Frau seines adoptierten Sohnes zu kommen, wühlte mich nicht nur auf, sondern veranlaßte mich zu eingehenderer Beschäftigung mit Freud, was eine weitere Frage zur Folge hatte: Was hatte er im Sinn, als er alle diese Frauen um sich scharte und ihre Gunstbezeugungen unter Umgehung seiner eigenen Gesetze, Regeln und Bestimmungen monopolisierte? Ich hatte mich damals noch nicht von den letzten Resten moralistischer Auffassungen und puritanischer Skrupel befreit, und so wagte ich es, die schwierigste von Rushdies Fragen mir selbst zu stellen und sie mit gleichgesinnten Freunden zu diskutieren: Ob dieses Arrangement mit seinen Frauen wirklich einen ehelichen Haushalt darstellte?

Selbstverständlich stellte ich mit der Zeit des Erwachsenwerdens fest, daß die beiden Seiten des Dilemmas, die in meinen Fragen versteckt waren, einander nicht gegenseitig ausschlossen und daß der Prophet alles dies gleichzeitig war und zusätzlich noch vieles andere. Unterdessen fand ich für die Situation mit seinen Frauen und Nebenfrauen eine kleine Erklärung. Zu der Zeit, als jede Menge unabhängig gewordener Staaten den Vereinten Nationen beitrat, hatte ich eine Beobachtung gemacht. Viele dieser Staaten schienen sich so zu verhalten, als wären Flagge, Nationalhymne und Fluggesellschaft die wichtigsten Attribute von Staatlichkeit und Souveränität. In Analogie kam ich naiv zum Schluß, daß Muhammad – der Staatsgründer par excellence – höchstwahrscheinlich die königlichen Gefolge und Herrscherhöfe in der Umgebung im Blick hatte und durch die Errichtung des Harems ein wichtiges äußeres Symbol der Macht und Staatlichkeit beanspruchte.

Genau diejenigen Passagen der *Satanischen Verse*, die die strengste orthodoxe Zensur und die größten Feindseligkeiten hervorriefen, sprechen mich auf intimste Weise an. Sie lassen auf ihre eigene humorvolle Art die geistigen Erfahrungen, Zweifel, intellektuellen Ängste und Gewissensprüfungen eines heranwachsenden gebildeten arabischen ›Muslim‹, der das Leben seines eigenen und nicht das eines anderen Jahrhunderts leben will, Revue passieren. Deshalb kann ich mit Sicherheit sagen, daß die *Satanischen Verse* in Wahrheit dem nicht viel hinzufügen, worüber kritisch orientierte Muslime miteinander privat (und im Laufe der Zeit häufig in der Öffentlichkeit) diskutiert haben.

Tatsächlich wiederholt, verwendet und betont Rushdie die gleichen allseits bekannten Paradoxien, Unvereinbarkeiten, Unwahrscheinlichkeiten, Widersprüche und Abweichungen, die in den heiligen Geschichten des Islam vorkommen. Die gleichen Dinge haben nachdenkliche Muslime immer wieder nachdenklich gemacht und sie umgetrieben, beinahe vom Anfang der Mission des Propheten an. Salman der Perser, der gebildetste und anspruchsvollste der frühen Anhänger des Propheten, scheint mir diese Geisteshaltung in den *Satanischen Versen* zu repräsentieren. Denn Salmans kritischer Geist, seine eingehenden Untersuchungen und seine skeptische Veranlagung gaben ihm genügend Anlaß, den Wahrheitsanspruch der Erzählungen und Lehren der Unterwerfung ernstlich zu bezweifeln. Für uns alle formuliert er den Zwiespalt vom Koran als Wort Gottes oder als menschliches Dokument. Als Salman die inneren Spannungen nicht mehr aushalten kann, wird er abtrünnig und flieht zurück nach Persien, um sein Leben zu retten.

Auf einer anderen Ebene lädt der Roman heutige gebildete Muslime auf schockierende Weise dazu ein, den quälenden Fragen des »geprüften Lebens« individuell und kollektiv mehr wie Salman der Perser nachzugehen. Es herrscht hoffentlich Klarheit darüber, daß das Problem des »geprüften Lebens« weder ein elitäres Unternehmen noch ein raffinierter geistiger Luxus ist. Das ist deshalb wichtig, weil diejenigen muslimischen Gesellschaften, die sich weigern, sich ernsthaft und bewußt an der Diskussion zu beteiligen, sich mehr als jemals zuvor am Rande der modernen geschichtlichen Entwicklung wiederfinden werden. Enthalten können sie sich nur zum Preis extremer Bedeutungslosigkeit und ewiger Ohnmacht. Das bedeutet wiederum, die schmerzvollen und destabilisierenden kritischen Diskussionen, die eine solche Revision mit sich bringt, aushalten und nutzen lernen; die ernsthaften Fragen und Probleme, die Rushdies satirischem Werk zugrunde liegen, rückhaltlos offenzulegen und freimütig zu diskutieren; sich kreativ und ernsthaft mit der letztendlichen Bedeutung dieser Fragen und Probleme auseinanderzusetzen; und sich ein für allemal mit der zwangsläufigen Pluralität, der Unvollständigkeit und den Widersprüchlichkeiten der Antworten, die während dieses Prozesses der Selbsterforschung auftauchen werden, abzufinden.

[Aus dem Amerikanischen von Kai-Henning Gerlach]

Satans Tragödie

»Ich bin der Geist, der stets verneint.«
Faust, Erster Teil

I.

Liebe, Angst und Haß sind die wesentlichen Empfindungen, die in den drei monotheistischen Religionen die Beziehung zwischen Mensch und Gott prägen – die Liebe zu Gott, die Angst vor seiner Macht und seiner Strafe und der Haß auf Satan, seinen Gegner.

Satan gehört zu den gottnahen Engeln und hatte in der Rangordnung der himmlischen Scharen eine bedeutende Stellung inne, bis er Gott den Gehorsam verweigert. Daraufhin vertreibt Gott ihn aus dem Paradies und verflucht ihn in alle Ewigkeit. Er wird zur Verkörperung des Bösen, zur Vereinigung aller Merkmale, die Gott entgegengesetzt sind. Im Laufe der Zeit vergrößert die Phantasie der Menschen Satans Fähigkeiten, so daß Satan – was seine Macht, seine Fähigkeiten und seine Werke angeht – auf den Rang direkt hinter Gott rückt.

Satans Name steht für Intrige, Versuchung, Einflüsterungen, Verderbnis, Ungehorsam. Sein arabischer Name, *Iblis*, drückt entsprechend der traditionellen islamischen Bedeutung des Wortes *al-iblas* bereits sein Wesen aus: Es ist die vollständige Aufgabe jeglicher Hoffnung auf die Gnade Gottes und die Rückkehr ins Paradies. Die Araber benutzen für endgültig verlorene Hoffnungen die Redensart: »Wie die Hoffnung des Satans aufs Paradies.«

Ibn Al-Dschauzi (gest. 1200) beschäftigte sich in seinem Buch *Die Täuschungen Satans*[26] mit den Methoden, mit denen Satan die Menschen vom rechten Weg abbringt. Neben seiner eigentlichen Absicht, Satans Verführungen aufzudecken, schildert er jedoch auch dessen schöpferische und geistige Kräfte, die Bewunderung und Respekt hervorrufen. Legt man dieses Buch zugrunde, so sind die wichtigsten

---

26 Joseph Schacht übersetzt »Die Betörung des Teufels«.

religiösen und philosophischen Bewegungen der islamischen Zivilisation auf den Einfluß Satans zurückzuführen. Satan wird zu einem großen Philosophen und bedeutenden Theologen, zur treibenden Kraft hinter allen bedeutenden philosophischen, künstlerischen und politischen Bewegungen der Geschichte.

Ganz in diesem Sinne soll das Bild Satans im folgenden revidiert werden. Seine Persönlichkeit, seine Position, sein Einfluß und sein Schicksal sollen in einem Licht betrachtet werden, das sich sowohl von den Glaubenslehren als auch von unseren bisherigen Vorstellungen unterscheidet. Als Quellen werden der Koran und einige Werke muslimischer Denker, die sich mit Satan beschäftigten, herangezogen. Die Untersuchung bewegt sich innerhalb des religiös-mythischen Denkens, das in der Phantasie der Menschen seinen Ursprung hat. Satan soll nicht als religiöse Figur, sondern als mythische Gestalt betrachtet werden.

An dieser Stelle sei darauf verwiesen, daß die umgangssprachliche Verwendung des Wortes *Mythos* nicht der Rolle entspricht, die Mythen im menschlichen Leben und in der Entwicklung der Kulturen spielen. So werden verschiedene Erscheinungen als *Mythen und Aberglauben* bezeichnet, um zu betonen, daß es sich dabei um Einbildungen und Illusionen handelt. Diese Verwendung des Begriffs entspricht jedoch nicht der eigentlichen Natur des Mythos und der Bedeutung des mythischen Denkens für den Menschen und die Gesellschaft. Deshalb muß sie im vorherein geklärt werden.

Der Mensch ist das einzige Lebewesen, das Märchen und Mythen erfinden und sie in komplizierte Mythologien verwandeln kann. An diese glaubt er, als seien sie unanzweifelbare Tatsachen. Mythisches Denken ist demnach eine Grundfähigkeit des Menschen und ein bedeutender Aspekt seiner geistigen Aktivität. Wissenschaftler haben sich mit der Mythenbildung beschäftigt, weil darin grundlegende Strukturen des Menschen, seiner Begabungen, seiner Kulturen und Zivilisationen verborgen liegen. Wenn hier von »Satans Tragödie« die Rede ist, so muß die alte organische Verbindung zwischen der Tragödie und dem Drama sowie der Mythologie und dem mythischen Denken bedacht werden.

Mythologie ist ihrer Natur nach Religion, Kunst und Philosophie. In ihrer flexiblen Form enthält sie die Elemente des Trostes und der

Ablenkung, die notwendig sind für jede Religion; ebenso reagiert sie schöpferisch, künstlerisch und ästhetisch auf die Einflüsse, die den Menschen umgeben. Die Mythologie ist auch ein Versuch, Ereignisse zu erklären, das Dasein zu erläutern und Fragen nach seinem Ursprung und Ziel aufzuwerfen. Hinzu kommt, daß der Mensch im Mythos sich seinen größten und andauerndsten Konflikten gegenübersah: dem Tod, dem Schicksal, dem Bösen, dem Ursprung der Dinge und ihrem Sinn und Zweck. Das mythische Denken ist deswegen immer eine kreative, zivilisatorische Kraft, aus der sowohl das religiöse Denken als auch die philosophische Reflexion und der künstlerische Ausdruck ständig geschöpft haben. Der Philosoph Ernst Cassirer, der pionierhaft die Natur des Mythos untersucht hat, erläutert:

»Die Welt des Mythos ist dramatisch – eine Welt des Handelns, der Kräfte, der widerstreitenden Mächte. In jeder Naturerscheinung sieht der Mythos den Zusammenprall dieser Mächte. Die mythische Wahrnehmung ist stets in dieser Weise emotional gefärbt. Alles Sichtbare und Spürbare ist von einer besonderen Atmosphäre umgeben – einer Atmosphäre von Freude oder Trauer, von Furcht, Erregung, Jubel oder Niedergeschlagenheit. Hier können wir von den ›Dingen‹, nicht von einem toten, gleichgültigen Stoff sprechen. Die Gegenstände sind entweder wohlwollend oder böswillig, freundlich oder feindlich gesonnen, vertraut oder unheimlich, verlockend und faszinierend oder abstoßend und bedrohlich.«[27]

Über Satan, die Engel und die himmlischen Scharen zu sprechen, muß daher keineswegs bedeuten, daß diese Begriffe tatsächlich existierende, wenn auch unsichtbare Wesen bezeichnen.

Wer von Prinz Hamlet spricht, bewegt sich normalerweise im Rahmen des Shakespeareschen literarischen Erbes. Der Satz »Hamlet hat seinen Onkel getötet« verleitet nicht dazu, an eine solche Begebenheit in der wirklichen Geschichte Dänemarks zu glauben. Ebensowenig besteht Anlaß anzunehmen, daß Satan tatsächlich und buchstäblich aus dem Paradies vertrieben wurde. Sinn und Bedeutung dieser Aussagen liegen in ihrem symbolischen Charakter. Jedoch

---

27 Ernst Cassirer, *Versuch über den Menschen. Einführung in eine Philosophie der Kultur*, Frankfurt a. M. 1990, S. 123.

erfordert die Natur der Sprache, sich so gegenständlich wie möglich auszudrücken, als ob die jeweils beschriebenen Persönlichkeiten tatsächlich existierten. Von dieser sprachlichen Illusion dürfen wir uns nicht täuschen lassen.

II.

Al-Maqdisi, ein islamischer Mystiker des 13. Jahrhunderts, spricht in seinem Buch *Die Unfähigkeit Satans* von dessen herausragender Stellung in der Ordnung der himmlischen Scharen und von seinem hohen Rang unter den Engeln vor seiner Vertreibung aus dem Paradies:

»Du, den Gott durch seine Allmacht geschaffen, dir die Wunder seiner Schöpferkraft gezeigt und dich eingeladen hat, in seiner Nähe zu verweilen, dir das Ehrengewand des Bekenntnisses zu seiner Einheit übertragen und dich gekrönt hat mit der Krone seines Lobgesangs und seiner Heiligpreisung. Dir hat er aufgetragen, in den Sphären seiner Engel zu wandeln, die sich Licht von deinem Lichte liehen, in deiner Anwesenheit sich sicher fühlten, dein Wissen zu ihrer Richtschnur machten, dem Beispiel deiner Taten folgten. Du weiltest unter den himmlischen Heerscharen, trankst aus den vollsten Bechern, schmecktest die süßesten Reden, da du den Engeln ein Lehrer und den Cherubim ein Vorsteher warst.«[28]

Der Koran beschreibt Satan, nachdem er sich seinem Herrn widersetzt hatte und von diesem daraufhin bis zum Jüngsten Tag verflucht und aus dem Paradies verbannt wurde:

»Und als dein Herr zu den Engeln sprach: ›Siehe, ich will auf der Erde einen einsetzen an Meiner Statt‹, da sprachen sie [die Engel]: ›Willst Du auf ihr einen einsetzen, der auf ihr Verderben anstiftet und Blut vergießt? Und wir verkünden Dein Lob und heiligen Dich.‹ Er sprach: ›Siehe, Ich weiß, was ihr nicht wisset.‹ Und Er lehrte Adam aller Dinge Namen; dann zeigte Er sie den Engeln und sprach: (...) ›Sprach ich nicht zu euch: Ich weiß das Verborgene der Himmel und der Erde, und ich weiß, was ihr offenkund tut und was ihr verberget?‹

---

28 Izzaddin Ibn Ghanim Al-Maqdisi, *Die Unfähigkeit Satans (Taflis Iblis)*, Kairo 1906.

Und als Wir zu den Engeln sprachen: ›Werfet euch nieder vor Adam‹, da warfen sie sich nieder bis auf Iblis [Satan], der sich in Hoffart weigerte und einer der Ungläubigen ward.« (Koran 2; 30–34)

». . . da dein Herr zu den Engeln sprach: ›Siehe, Ich erschaffe einen Menschen aus trockenem Lehm, aus geformtem Schlamm: Und wenn Ich ihn gebildet und von Meinem Geist eingehaucht habe, so fallet anbetend vor ihm nieder.‹ Und niederfielen alle Engel insgesamt, außer Iblis; der wollte nicht niederfallen. Er sprach: ›O Iblis, was ist dir, daß du nicht niedergefallen bist?‹ Er sprach: ›Nimmer werde ich niederfallen vor einem Menschen, den Du aus trockenem Schlamm erschufst, aus geformtem Schlamm.‹ Er sprach: ›Hinaus aus dem Paradies! Siehe, du bist verflucht; und siehe, auf dir soll der Fluch sein bis zum Tag des Gerichts.‹ Er sprach: ›Mein Herr, verzeih mir, bis zum Tag der Erweckung.‹ Er sprach: ›Siehe, so soll dir Verzug sein, bis zum Tag der festgesetzten Zeit.‹ Er sprach: ›Mein Herr, dieweil Du mich irreführtest, wahrlich, so will ich ihnen auf Erden die Dinge ausschmücken und will sie verführen allzumal . . .‹ Er sprach: ›Das ist ein Weg bei Mir, ein rechter . . .‹ (Koran 15; 28–41)

Er sprach: ›Was hindert dich, dich niederzuwerfen, als Ich es dich hieß?‹ Er sprach: ›Ich bin besser als er. Du hast mich aus Feuer erschaffen, ihn aber erschufst Du aus Ton.‹ Er sprach: (. . .) ›Nicht dir erlaubt hoffärtig zu sein. Drum hinaus mit dir, du bist einer der Gedemütigten.‹ Er sprach: ›Gib mir Frist bis auf den Tag der Auferweckung . . .‹« (Koran 7; 11–14)

Satans Geschichte erscheint nach diesen Versen recht einfach. Gott befiehlt ihm, sich vor Adam niederzuwerfen; er lehnt ab, und ihm geschieht, was ihm geschehen mußte. Wenn wir jedoch diese offensichtliche Ebene verlassen und zum Kern der Problematik Satans vorstoßen, treffen wir unwillkürlich auf die Unterscheidung zwischen dem göttlichen Gebot und dem göttlichen Willen. Ein Gebot kann befolgt oder verweigert werden. Dem Befohlenen bleibt die Wahl. Für den göttlichen Willen gelten solche Überlegungen nicht. Seiner Natur nach kann er nicht zurückgewiesen werden; er wird notwendigerweise geschehen.

Gott will die Existenz vieler Dinge, seinen Geschöpfen befiehlt er jedoch, sich von ihnen fernzuhalten. Ebenso befiehlt er ihnen, etwas zu tun, will aber, daß sie etwas anderes vollbringen. So befahl Gott

Satan, sich vor Adam niederzuwerfen, gleichzeitig aber war es sein Wille, daß er den Befehl verweigern möge. Wäre es Gottes Wille gewesen, daß Satan sich niederwirft, so hätte dieser sich sofort niedergeworfen, denn der Diener Gottes hat weder die Macht noch die Stärke, dem Willen seines Herren zu trotzen. Befehl und Verweigerung können, im Vergleich zur Ewigkeit des göttlichen Willens und der zeitlosen Wesenheit Gottes, als nicht essentielle, äußerliche Phänomene bewertet werden.

Wenn wir die vorangegangenen Verse des Korans erneut prüfen, wird der Wille Gottes deutlich, daß die Engel *sein Lob verkünden und ihn heiligen*. Der berühmte Koran-Kommentator At-Tabari[29], der von 838 bis 923 lebte, schreibt, »Lobsingen und Heiligpreisen« seien das Bekenntnis zur Einheit Gottes, welche ihn von allen nichtgöttlichen, menschlichen Attributen reinhalten und von allem, was ihm die Polytheisten beimengen, befreit. Mit anderen Worten: das Bekenntnis zur Einheit Gottes stellt die vorrangige und absolute Pflicht der Engel ihrem Schöpfer gegenüber dar. Vor dem Hintergrund der Unterscheidung zwischen der absoluten Pflicht gegenüber Gott und der relativen Gehorsamsverpflichtung gegenüber dem göttlichen Befehl stellt sich die Widerspenstigkeit Satans folgendermaßen dar: Satan hat den göttlichen Befehl eindeutig zurückgewiesen, als er es ablehnte, sich vor Adam niederzuwerfen. Jedoch befand er sich dabei in vollkommener Übereinstimmung mit dem Willen Gottes und der absoluten Verpflichtung seinem Schöpfer gegenüber. Hätte Satan sich vor Adam niedergeworfen, so hätte er gegen das Bekenntnis zur Einheit Gottes verstoßen und hätte die absolute Pflicht seinem Herrn gegenüber verletzt. Gott wollte, daß die Engel sein Lob singen und seinen Namen heiligpreisen. Deshalb war die Niederwerfung vor Adam ein Abfallen in das, was die Polytheisten dem ewigen göttlichen Selbst entgegen seiner Natur hinzufügen, wovon es aber frei ist. Die Wahl, die Satan getroffen hat, führt zu der entscheidenden Frage: Liegt der wahre Gehorsam in der Erfüllung von Gottes Befehl oder in der Unterwerfung unter seinen Willen? Ist es heilbringender, der absoluten Pflicht oder den Verpflichtungen nachzukommen? Wenn die Antwort auf diese Frage eindeutig wäre, hätte die Tragik keinen

---

29 Der Kommentar des Tabari *(Tafsir At-Tabari)* Kairo o. D.

Platz im Leben des Menschen, und Satan wäre weder diese Heimsuchung widerfahren, noch hätte er sich im Netz von Gottes Befehl und Willen verfangen. In Satans Beharren ist das Bekenntnis zur Einheit Gottes am reinsten und ungetrübtesten verkörpert. Als wolle er sagen: »Eine Stirn, die sich vor dem Einen und Einzigen niedergeworfen hat, wird sich nie vor einem anderen demütig senken.« Bei Al-Halladsch[30], dem Märtyrer der islamischen Mystik, der im Jahr 922 wegen Ketzerei hingerichtet wurde, ist zu dieser Haltung des Satans nachzulesen:

»Moses und Satan trafen sich am steilen Anstieg zum Berg Sinai. Da sagte er ihm: ›Oh Satan, was hat dich davon abgehalten, dich niederzuwerfen?‹ Er antwortete: ›Mein Bekenntnis zum Einen Gott. Hätte ich mich vor ihm niedergeworfen, so wäre ich dir gleichgestellt. Du wurdest nur einmal aufgerufen: ›Schau hinauf zum Berg.‹ Also hast du aufgeschaut. Ich wurde tausendmal aufgerufen, mich niederzuwerfen, und ich habe mich nicht niedergeworfen, weil ich meiner Bestimmung treubleiben muß.‹«

Satan gibt eine klare, logische Erklärung für sein Verhalten, wenn er sagt: »Ich bin besser als er. Mich hast du aus Feuer erschaffen, ihn aber erschufst Du aus Ton.« Hinzu kommt, daß die genannten Koranverse eine verborgene Begründung für Satans Verhalten enthalten, nämlich seine Erkenntnis, daß Adam und seine Nachkommen Unheil anrichten und Blut vergießen werden auf Erden. Dies Empfinden aller Engel drückt sich in ihren Worten, die sie ihrem Schöpfer gegenüber äußern, aus: »Willst du auf ihr jemand einsetzen, der auf ihr Verderben anstiftet und Blut vergießt? Und wir verkünden Dein Lob und heiligen Dich.« Die Engel wußten also ebenso wie Satan von den Sünden und Freveln, die Adam und seine Nachkommen begehen würden. Ihnen schien es ungeheuerlich, daß Gott jemanden schaffen könnte, der ihm den Gehorsam verweigern und Blut vergießen würde.

Satans erstes Argument, dem Vergleich zwischen seiner Natur (Feuer) und der Natur Adams (Ton), drückt weder Stolz noch Hochmut aus, sondern postuliert eine prinzipielle Wahrheit. Gott wollte

---

30 Al-Husain Ibn Mansur Al-Halladsch, *Das Buch der T.'s (Kitab At-Tawasin)*, hg. v. Paul Nwyia, Beirut 1972.

die Wesen nicht gleichermaßen erhaben und vollkommen erschaffen. Deshalb hat er sie nicht nur nach ihren Merkmalen, sondern auch nach den Stufen ihrer Vollendung und ihres Ranges voneinander unterschieden. Zweifellos nimmt das Feuer kraft seiner Natur und seines Wesens eine erhabenere und höhere Stellung ein als der Ton. Der Befehl, sich vor Adam niederzuwerfen, verletzt diese von Gott gewollte und geschaffene Ordnung. Feuer kann sich nicht vor Ton demütigen, es sei denn, es handelte gegen die Natur, die Gott ihm zuerkannt hat. Gott gab Satan ein Gebot, dessen Nicht-Befolgung er gleichzeitig wünschte.

Bemerkenswerterweise verändert die Vertreibung aus dem Paradies nur Satans Eigenschaften, nicht aber sein Wesen. Sein Bild verzerrt sich, er wird verflucht und gesteinigt. In Halladschs Dialog zwischen Moses und Satan erklärt Satan Moses, daß die Veränderung, die er erfahren hat, nur die vergänglichen Äußerlichkeiten betreffen, nicht aber sein in der Zeit beständiges Wesen und sein unveränderliches Wissen.

»Moses sagt zu Satan: ›Du hast den Befehl verweigert.‹ Satan antwortet: ›Das war eine Heimsuchung, kein Befehl.‹ Da erwidert Moses: ›Gewiß hat das dein Bild verändert.‹ Satan antwortet: ›O Moses, dies und das andere ist Täuschung. Auf das Gegenwärtige ist kein Verlaß, es wandelt sich. Aber das wahre Wissen ist so, wie es war; es hat sich nicht verändert, auch wenn die Gestalt sich verändert hat.‹«

Das zweite Argument, mit dem Satan seine Weigerung begründet, stützt sich auf das Wissen der Engel und das Verderben, das Adam und seine Nachkommen auf der Erde anrichten werden. Wie kann sich der niederwerfen, der versunken war im Bekenntnis zur Einheit, der Lobpreisung Gottes und seiner Verherrlichung? Wie kann der, der der Erste unter den Engeln und der Vorbeter der Cherubim war, sich niederwerfen vor einem Geschöpf, das auf der Erde Unheil anrichten und Blut vergießen wird? Dieser Gedanke findet sich wieder bei Halladsch:

»›Willst du nicht niederfallen, du Gedemütigter?‹; er erwiderte: ›Vielmehr Liebender, und der Liebende wird gedemütigt. Du sagst ›Gedemütigter‹, und doch habe ich in einem deutlichen Buche [dem Koran] gelesen, was mir geschehen soll, du Kräftiger, Starker. Wie soll ich mich vor ihm erniedrigen, wo du mich aus Feuer und ihn aus Lehm geschaffen hast; das sind Gegensätze, die nicht zur Übereinstimmung kommen können. Ich bin länger in deinem Dienste, höher an Vorrang, größer an Wissen und vollkommener an Leben.‹«

Die Geschichte Satans, wie sie in den von uns zitierten Koranversen berichtet wird, ist also keineswegs eindeutig, und eben nicht die Geschichte des Kampfes zwischen Gut und Böse oder Wahrheit und Lüge. Satan geriet zwischen die zwei Mühlsteine von Willen und Gebot. Er mußte eine schicksalhafte Entscheidung treffen zwischen seiner absoluten Pflicht, sich zur Einheit Gottes zu bekennen, ihn zu lobpreisen und zu verherrlichen und der Pflicht zum Gehorsam, die Gott ihm auferlegt hatte. Seine Heimsuchung enthält eine Fülle dramatischer und tragischer Elemente.

III.

Wir wenden uns nun wieder der Heimsuchung Satans zu, die aus dem Widerspruch zwischen Befehl und Willen erwachsen ist. Al-Halladsch drückt in wunderbarer Knappheit das Dilemma aus, in dem sich Satan befindet: »Auch wenn du mir den Befehl gegeben hast, so hast Du mir auch befohlen, zu verweigern.«

Al-Maqdisi beschreibt das Wesen des Widerspruchs zwischen dem Gebot und dem göttlichen Willen mit folgenden Worten:

»Ich habe mit Gewißheit den Kreis des Unglücks und des Glücks betrachtet: Der Befehl wird wie eine Zirkellinie um das Zentrum des Willens geschlagen; zwischen ihnen ist eine feine Grenze, die sich der Wahrnehmung entzieht, ein schmaler Spalt; wer durch ihn hindurch will, der hat keinen Gefährten, der ihn zum Erfolg führt. Der Befehlende gibt, der Wille nimmt; was der Befehlende gegeben, wird vom Willen entzogen; der Befehlende sagt: Tu! Der Wille sagt: Tu nicht!«

Al-Maqdisi hat offenbar die Bedeutung der dramatischen und tragischen Elemente erfaßt, die die Heimsuchung Satans in sich birgt. Er betont das Dilemma, in dem sich Satan befindet, und dessen Unfähigkeit, einen ihm angemessenen Ausweg zu finden. Seine Wahl wurde dadurch zur schicksalhaften Entscheidung zwischen ewiger Verdammnis und ewigem Glück. Entweder bleibt er seiner absoluten

Pflicht treu und erringt schließlich das Glück, weil er sich dem Willen unterwirft, oder er gehorcht dem Gebot, unterwirft sich den Verpflichtungen des relativen Gehorsams, besteht die Prüfung nicht und wird auf ewig verdammt.

Wer vor einer solchen Prüfung steht, kann den vor ihm liegenden Weg nicht erkennen. Zwischen richtig und falsch ist nicht zu unterscheiden, denn »zwischen ihnen ist eine feine Grenze, die sich der Wahrnehmung entzieht«.

Die tragischen Elemente in der Heimsuchung Satans sollen im folgenden herausgearbeitet werden. Ich werde mich dabei auf die Tragödien des Sophokles und auf die Geschichte Abrahams stützen.

Bekanntlich wurde Abraham von Gott befohlen, seinen Sohn zu opfern. Als er das Gebot ausführen wollte, erlöste Gott den Sohn »durch ein herrliches Opfer« (Koran 37; 107).

Die Abrahamsgeschichte enthält zweifellos ein starkes tragisches Potential und birgt viele Elemente der Tragödie in sich. Auf keinen Fall aber kann sie als wirkliche Tragödie angesehen werden, da sie ein glückliches Ende nimmt, im Gegensatz zur Geschichte von Ödipus.

Häufig ereignen sich Tragödien in Zeiten großer Krisen, die die bestehenden Verhältnisse umstürzen und die vorherrschenden Wertvorstellungen in Bewegung geraten lassen. Wer diese Erfahrung macht, empfindet, daß die gewohnte Art ihrer Existenz in Frage gestellt wird und die umgebende Welt mit all ihren materiellen, geistigen und moralischen Elementen vor dem Zusammenbruch steht. Gott hat Abraham »einen milden Jungen« verkündet (Koran 37; 101). »Und da er das Alter erreicht hatte, mit ihm zu arbeiten, sprach er: ›O mein Söhnlein, siehe, ich sah im Traum, daß ich dich opfern müßte...‹« (Koran 37; 102) Durch das Gebot, seinen Sohn zu opfern, wurden feste Wertvorstellungen erschüttert: Der liebevolle Vater sollte seinen Sohn auf grausamste Art töten, mit Vorsatz und Absicht, in Stille und Ergebenheit.

Die Ordnung der himmlischen Heerscharen geriet auch in Satans Tragödie ins Wanken, denn ursprünglich war er ein Lehrer der Engel, der Vorbeter der Cherubim, wie Al-Maqdisi schreibt. Er war ruhigen Gemüts und vollbrachte nur Gutes. In Anwesenheit von Zeugen schafft Gott Adam und befiehlt, sich vor ihm niederzuwerfen. Satans Stirn, die sich nur in Demut vor dem einen niederzuwerfen pflegte, sollte nun erniedrigt werden, indem sie sich vor einem Menschen niederwirft. Das Feuer sollte sich dem Lehm unterwerfen. Satan lehnte es ab, sich niederzuwerfen, er wurde verflucht bis zum Jüngsten Tag. Vom Höhepunkt seiner Macht stürzt Satan durch seine Vertreibung aus dem Paradies in die tiefsten Tiefen seines Unglücks und Elends. So wie in der alten griechischen Erzählung, nach der König Ödipus vom Zenit seiner Macht in tiefste Verzweiflung und Qual stürzt. Beide sind nach diesem Sturz Verstoßene, Entstellte, Verhaßte.

Bei Antigone entspringt die Tragik der Hauptfigur aus dem prinzipiellen Widerspruch zwischen den Werten Antigones und Kreons, des Königs von Theben. Antigone war um jeden Preis entschlossen, den Leichnam ihres Bruders Polyneikes zu bestatten. Ihr Motiv war ihre große Liebe zu ihrem Bruder und ihr unerschütterlicher Glaube, dem Willen des Himmels zu gehorchen, der die Bestattung der Toten gebietet. Antigone sagt zu ihrer Schwester Ismene:

»Sei du nur, wie dir gut scheint – ich begrab ihn,
Und wenn ich dafür sterbe, das ist schön.
Geliebt bei dem Geliebten ruh ich dann,
Und fromm hab ich gefrevelt.«[31]

Andererseits wurde auch Kreon von einem edlen Gefühl geleitet, als er befahl, Polyneikes nicht zu bestatten, weil dieser die Waffen gegen seine eigene Stadt erhoben hatte und dabei durch seinen Bruder Eteokles getötet worden war. Dabei war Kreon ehrlich bemüht, die Herrschaft des Gesetzes zu sichern und die Ordnung in Theben wiederherzustellen. Er mußte deshalb darauf bestehen, daß seine Befehle und Anweisungen befolgt wurden. Der Hauptwiderspruch besteht bei Sophokles zwischen der weltlichen Macht und den Geboten des Himmels. Jede Seite des Widerspruchs entstammt einem anderen Ursprung.

Für Abraham dagegen münden beide Seiten des Widerspruchs letzten Endes in einen Ursprung, in Gott. Als Antigone sich den Befehlen des Himmels unterwarf, hat sie damit gegen die Befehle der weltlichen Macht gehandelt. Als Abraham jedoch sich dem Befehl

---

31 Sophokles, *Antigone*, Stuttgart 1991.

seines Herrn unterwarf und das Messer an den Hals seines Sohnes anlegte, widersprach er damit den absoluten moralischen Grundsätzen, die Gott selbst seinen Dienern herabgesandt hatte. Mit anderen Worten: Als Abraham seinem Gott in religiöser Hinsicht gehorchte, war er gezwungen, ihm in moralischer Hinsicht den Gehorsam zu verweigern. Satan gehorchte dem Willen und verweigerte das Gebot, sich niederzuwerfen. Aber er geriet in direkte Konfrontation mit Gott, als dieser sich selbst direkt und offenkundig widersprach.

Die Dinge werden deutlicher, wenn wir zwischen zwei Gattungen von Tragödie unterscheiden: Tragödie der Entfremdung und Schicksals-Tragödie. Ich möchte hier darlegen, daß die Heimsuchung Satans ganz deutlich in beide Arten der Tragödie einzuordnen ist. Das Unheil in der Tragödie der Entfremdung entspringt der Trennung von einem bestimmten Zustand, an dem der Held zuvor teilhatte, sich aber nun fremd ihm gegenüber fühlt. Die Werke Miltons, Dostojewskis und Kafkas sowie Camus' Buch *Der Fremde* bieten deutliche Beispiele für die Tragödie der Entfremdung.

Al-Halladsch hat Satan folgende Worte in den Mund gelegt:

»Er hat mich vereinzelt und vereinsamt. Er hat mich verwirrt und verstoßen, damit ich mich nicht unter die Getreuen mische. Er hat mich von den Eiferern getrennt wegen meines Eifers. Er hat meine Lage verändert wegen meiner Verwirrung, mich verwirrt wegen meiner Entfremdung, mich wegen meiner Nähe verboten, mich für meine Wohltat verunglimpft, mich wegen meines Verzichts ausgestoßen, mich verlassen, weil er sich mir gezeigt hatte, mich meiner Bindung wegen preisgegeben.«

Bei Al-Maqdisi beschreibt Satan seine Entfremdung und seine Qual:

»Nach der Vollkommenheit meiner Pein fragen die Betrachter, ich wurde ein Objekt des Spotts für die Anwesenden. Ich vergehe, wenn ich die höre, die Gottes gedenken; es zerreißt mich, wenn ich die höre, die Gott danken. Ich fliehe den Schatten des einen, bei dem anderen fliehe ich vor seiner guten Tat. Der eine verbrennt mich mit seinem Atem, bei dem anderen schwächt mich dessen Stärke. Wenn der Reuige reumütig ist, bricht er mir das Rückgrat, wenn der Irrende zurückkehrt, wird mein Leben kürzer. Was ich mit dem Sündigen in einem Jahr aufbaue, zerstört die Reue in einem Jahr. Ich bin in einer

Qual, die nicht vergeht, in einer Pein, die nicht endet, in einer Trauer, die zu beschreiben ein längeres wäre.«

Eine Beschreibung, die Abu Hayyan At-Tauhidi im 10. Jahrhundert vom entfremdeten Zustand Satans hinterlassen hat, lautet:[32]

»Höre! Der Fremde ist der, dessen Schönheit, der Sonne gleich, untergegangen ist, der sich von dem Geliebten und seinem Feind entfernt hat, der sich seinen eigenen Worten und Taten entfremdet hat. Der Fremde ist der, aus dessen Beschreibung eine Heimsuchung nach der anderen spricht, dessen Zeichen eine Versuchung nach der anderen andeuten; die Wahrheit über ihn schimmert von Zeit zu Zeit durch sie hindurch. Erbarmen mit dem Fremden! Seine Reise dauert lange, ohne daß er sein Ziel erreicht. Seine Heimsuchung währt ohne Schuld, seine Qual hält an ohne Fehl, seine Anstrengung ist groß, ohne Nutzen.«

In den großen Tragödien nimmt das Schicksal seinen unentrinnbaren Lauf, so daß alle Voraussagen eintreffen – ebenso wie alle Bemühungen der Handelnden fehlschlagen, ihrer dunklen Bestimmung zu entkommen. Al-Halladsch schrieb folgende Worte über die Unterwerfung Satans unter sein Schicksal und seine Bestimmung:

»Gott sagte zu ihm: ›Die Wahl kommt mir zu, nicht dir‹; er erwiderte: ›Alle Wahlmöglichkeiten und selbst meine Wahl kommen dir zu; du hast für mich gewählt, du Einzigartiger; wenn du mich hinderst, vor ihm niederzufallen, so bist du es, der sich geweigert hat... wenn du willst, daß ich vor ihm niederfalle, so bin ich der Gehorsame.‹«

Hier müssen wir anmerken, daß nicht jeder, den das Schicksal ungerecht behandelt und den das vorherbestimmte Geschick vernichtet, auch zum Helden wird. Nicht jeder, der sich in einer leidvollen Prüfung findet wie die Satans, Antigones oder Abrahams, wird dadurch zur tragischen Figur. Die Frage hängt weitgehend von der Reaktion des Menschen auf seine Heimsuchung ab, von der Art seiner Resonanz auf sein Geschick. So war sich Ismene dessen vollkommen bewußt, daß sich ihre Schwester Antigone auf ein schreckliches Ende zubewegte.

---

32 Abu Hayyan At-Tauhidi, *Al-Ischarat Al-Ilahiya*, hg. v. Abdarrahman Badawi, Kairo 1950.

Deswegen können wir Ismene auf keinen Fall als tragische Figur betrachten. Sie ist in ihrer Reaktion auf diesen Widerspruch passiv geblieben und hat sich dem Lauf der Ereignisse unterworfen. Wir erleben, wie sie zu Vernunft und Zurückhaltung rät, Bedenken äußert und Angst hat – alles Symptome, die nicht auf heldenhafte verweisen.

Verglichen mit der Haltung Satans hat Adam keine positive Reaktion gezeigt, sondern gesagt: »Unser Herr, wir haben wider uns selber gesündigt, und so Du uns nicht verzeihst und Dich unser erbarmst, wahrlich, dann sind wir verloren.« (Koran 7; 23)

Der tragische Held, der mit seinem Schicksal hadert, wie z. B. König Ödipus dies getan hat, sagt nicht: »Wir haben gegen uns selber gefrevelt«, weil er genau weiß, daß sein vorherbestimmtes Schicksal ihn ungerecht behandelt hat, wie auch Satan, der auf die Vorhaltungen seines Herrn positiv reagiert, als er sagt: »Mein Herr, dieweil Du mich irreführtest, wahrlich, so will ich ihnen auf Erden die Dinge ausschmücken und will sie verführen allzumal...« (Koran 15; 39) Damit hat er verneint, daß er gegen sich selbst gefrevelt hat, daß er verantwortlich gemacht werden kann für sein Schicksal und sein Ende. Erneut entspricht Satan der Beschreibung, die Abu Hayyan At-Tauhidi für den Fremden gefunden hat: »Er hat keine Entschuldigung, die man entschuldigen, kein Vergehen, das man verzeihen, und keine Verfehlung, die man schamhaft bedecken könnte.« Adam seinerseits fürchtete sich davor, diese Wahrheit zuzugeben, als sein Herr ihn tadelte. Satan dagegen hat mit ihm debattiert, hat versucht, seine Tat zu rechtfertigen, seine Entscheidung zu begründen, obwohl er wußte, daß es kein Entrinnen gibt vor dem, was Gott für ihn entschieden hat.

Wir sehen also, daß Satan aus dem Stoff gemacht ist, aus dem auch die Helden der großen tragischen Werke der Weltliteratur geschaffen sind. Ihre Figuren sind nach seinem Vorbild gezeichnet. Es ist also nicht verwunderlich, wenn wir erkennen, daß diese Figuren entweder in direkter Verbindung mit Satan stehen oder eindeutig ›teuflische Eigenschaften‹ besitzen. Es ist auch kein Zufall, daß die größten tragischen Gestalten in ihrer Mehrheit Abtrünnige, Saboteure, Widerspenstige, Ungläubige, Undankbare und Mörder sind. Und deswegen kommen in einer großen Zahl von bekannten tragischen Werken Gerichtsverhandlungen vor. Wir können die Debatte zwischen

Satan und seinem Herrn als eine Art Schnellgerichtsverfahren betrachten, bei dem Satan die Möglichkeit erhält, sich zu verteidigen, ehe Gott eine Entscheidung gegen ihn fällt, die dann auch vollstreckt wird.

Wer sich mit dem Wesen der Tragödie befaßt, kann die Rolle des Hochmuts im Leben der tragischen Figuren kaum außer acht lassen. Als Gott Satan aus dem Paradies vertrieb, sagte Er zu ihm: »Hinab mit dir aus dem Paradies! Nicht ist dir erlaubt, hoffärtig in ihm zu sein.« (Koran 7; 13) Um das Wesen des Hochmuts Satans zu erfassen, muß zwischen *Arroganz* und *tragischer Hybris*, die die großen Gestalten der Tragödie charakterisiert, unterschieden werden. Arroganz und der Stolz eines Don Quichote rufen nur Mitleid hervor. Die tragische Hybris dagegen zwingt uns zum Ernst gegenüber dem Helden, einem Ernst, der durchzogen ist von Bewunderung und Wertschätzung, auch wenn seine Haltung unseren Prinzipien und Positionen widersprechen sollte. Deswegen ist die Hybris immer eines der wichtigsten Motive, das die tragischen Gestalten bewegt, von König Ödipus bis Iwan Karamasoff.

Das Wesen der tragischen Hybris besteht in der Weigerung des Helden, angesichts der Herausforderungen an seine Pflicht, seinen Rang und seine Würde passiv zu bleiben, auch wenn er weiß, daß diese Herausforderung Bestandteil seines Schicksals ist, sein Hochmut ihn ins Verderben, in die Verzweiflung und in den Tod führen wird. So endet Ödipus, so endet Antigone, und so endet Satan. Adam dagegen hat diese Art Hochmut nie gekannt. Wäre ihm vorherbestimmt gewesen, eine tragische Figur zu sein, so hätte er nicht gesagt: »Herr! Wir haben gegen uns selbst gefrevelt.«

Der Hochmut Satans ist also keiner leeren Arroganz entsprungen oder einer Anmaßung gegenüber seinem Herrn, sondern ist eine Hybris voller Tragik, der ihn dazu führte, Zuflucht bei Gott zu suchen vor dem Schicksal, das dieser für ihn bestimmt hat. Satan hat seine Haltung Gott gegenüber nicht geändert, auch nicht nach seiner Vertreibung und Verfluchung: Er fuhr fort, Gottes Macht und Stärke anzuerkennen, ihn zu fürchten und keinen Herrn außer ihm anzuerkennen.

IV.

Das Verständnis von Satan als einer tragischen Figur bringt seine Wahrheit keineswegs umfassend zum Ausdruck. Denn er ist eben nicht so sehr ein Produkt der literarischen und dramatischen Phantasie als vielmehr der religiösen Vorstellung. Unsere Sicht des Satans auf der Ebene des Tragischen bleibt deshalb unvollständig, wenn wir es nicht auch von der rein religiösen Seite her betrachten, die uns die wahre, endgültige Stellung Satans in der Ordnung der Schöpfung offenbart. Das sei vor allem deswegen bemerkt, weil die Tragödie mit ihrem endgültigen und absoluten Ausgang im Rahmen der drei Offenbarungsreligionen nicht bestehen kann. Die Religion kann unmöglich die Tragödie in ihrer endgültigen Form akzeptieren, da die göttliche Vorsehung das Universum in seiner Gänze umfaßt. Die Vorsehung richtet es auf die höchsten göttlichen Ziele aus. Die Religion behauptet ihrem Wesen gemäß, daß sie die Tragödie, selbst wenn sie noch so erschütternd ist, transzendiert. Sie vermeint, die Probleme der Tragödie, wenn nicht in diesem Leben, so im Jenseits lösen zu können. Die tragische Sicht der Dinge fordert von ihren Helden große Verluste, die nicht ersetzt werden können – Verluste, die durch Tod oder totale Verzweiflung symbolisiert werden. Von den Helden wird verlangt, daß sie Unbill und Qualen erleiden, die sie nicht verdient und nicht gewollt haben. Die Religion dagegen akzeptiert die Logik der Tragödie nicht. Sie behauptet, daß die Rechtschaffenen für die Verluste, die sie erleiden, eines Tages entschädigt werden, wie dies beispielsweise bei Hiob der Fall ist. Die Verluste dagegen, die die Bösen erleiden, sind eine gerechte Strafe für ihre Sünden: »Und wer auch nur Gutes im Gewicht eines Stäubchens getan, wird es sehen. Und wer Böses im Gewicht eines Stäubchens getan, wird es sehen.« (Koran 99; 7–8)

Auch der Tod ist für die Religion nur ein vorübergehender Verlust, der den Übergang von der vergänglichen in die unvergängliche Welt symbolisiert. Die Religion kann die Tragödie demnach nur als etwas Vorübergehendes ansehen. Daraus folgt, daß die Tragödie Satans ebenfalls rein vorläufig ist.

Wenn aber die Tragik von Satans Figur durch den religiösen Kontext begrenzt ist, stellt sich die Frage: Warum hat Gott Satan befohlen, sich vor Adam niederzuwerfen? Oder vielmehr: Warum hat ihn Gott in diese Bedrängnis gebracht?

Die Antwort ist, daß er ihn prüfen und erproben wollte, wie er nach ihm Hiob und Abraham und andere seiner rechtschaffenen Diener geprüft hat. Der Hinweis auf die Prüfung Satans wird deutlich in seiner Aussage an Gott: »Darum, daß Du mich in die Irre geführt hast, will ich ihnen auflauern...« (Koran 7; 16) Satan wird die Menschen in Versuchung führen, wie Gott es mit ihm getan hat. Er wird sie prüfen, wie Gott ihn geprüft hat.

Religiöse Erfahrung zeichnet sich dadurch aus, daß der Geprüfte mit einer schweren Heimsuchung überzogen wird, die ihm mehr aufbürdet, als er ertragen kann. So erscheint sein wahrer Kern in aller Deutlichkeit, ohne Verfälschung und Verstellung. Satan besteht die ihm auferlegte Prüfung mit Erfolg, weil er sich der Verpflichtung zum partiellen Gehorsam entzieht, um sich ganz dem göttlichen Willen zu unterwerfen und an seiner absoluten Aufgabe festzuhalten. Hätte er den Geboten Gottes Folge geleistet, wäre er an dieser Prüfung gescheitert.

So wie sich Abraham seinen väterlichen Pflichten gegenüber nicht alltäglich und menschlich verhielt, sondern wie ein Prophet und Gottesmann und damit seine wahre Natur offenbarte, so hat auch Satan den Weg der Heiligen, Rechtschaffenen und Gottnahen eingeschlagen. Damit ist seine wahre Natur in all ihrer Klarheit und Reinheit sichtbar geworden.

Es ist deutlich geworden, daß die göttliche Prüfung der Ursprung des Unheils, der Qual und der Verzweiflung des Geprüften ist. Der starke Wunsch Abrahams, Isaak zu retten, war die Quelle seines Unglücks. Ein weniger starker Wunsch hätte wohl auch kaum dieses Interesse verdient. Dann hätte Abraham seinem Herrn etwas geopfert, das ihm nicht viel bedeutete. Das gleiche gilt für Satan. Als Gott ihn prüfte, hatte er den starken Wunsch, dem Gebot, sich niederzuwerfen, zu gehorchen.

Satan und Abraham wußten, daß Gott sie prüft, daß er von ihnen die größten und kostspieligsten Opfer überhaupt verlangt. Aber kein Opfer war ihnen zu groß, um Gottes Willen zu erfüllen. Deswegen weigerte Satan sich, sich niederzuwerfen, und deshalb wies Abraham die väterlichen und menschlichen Bindungen zurück.

Zu den grundlegenden Elementen der erfolgreichen religiösen Prüfung gehört, daß der Geprüfte keine Kenntnis davon besitzt, welchen Ausgang seine Prüfung nehmen wird. Wenn Abraham auch nur für einen Moment geahnt hätte, daß er anstelle Isaaks ein Lamm opfern würde, so wäre seine Heimsuchung keine Prüfung, sondern eine Posse gewesen. Hätte Hiob auf eine Entschädigung für seine Geduld gehofft angesichts der Schicksalsschläge, die Gott ihm aufbürdete, so hätte seine Prüfung all ihre Bedeutung verloren. Hätte Satan sich je überlegt, daß er nicht ewig verflucht oder daß sein endgültiges Ende nicht die Hölle und ein elendes Geschick sein würde, dann hätte sich seine Heimsuchung von einer Prüfung voller Tragik in eine Komödie verwandelt. Mit anderen Worten: Zu den Bedingungen der erfolgreichen Prüfung gehört, daß der Geprüfte der festen, unzweifelbaren Überzeugung ist, daß seine Prüfung ein schlimmes Ende nehmen wird. Wie glücklich fühlt er sich dann, wenn er ihr glückliches Ende entdeckt.

So erging es auch Abraham, als er seinen Sohn zurückbekam, oder Hiob, als Gott ihm seine Kinder und seinen Besitz, um ein Vielfaches vermehrt, zurückgab. Es ist daher anzunehmen, daß er auch Satan für seine Leistung und sein Opfer belohnen, ihn für seinen schmerzhaften Verlust und sein Leiden, für seine Pein und seine Entfremdung entschädigen wird. Wenn diese Annahme richtig ist, wieso hat er ihn dann auf ewig verflucht? Die Antwort ist einfach: Weil die Prüfung genau dies erfordert. Wenn Satan geglaubt hätte, daß der Fluch, der ihn ereilt hat, vorübergehend sei, und sich auf die Rückkehr ins Paradies Hoffnung gemacht hätte, dann hätte seine Erfahrung Sinn und Bedeutung verloren. Der ewige Fluch ist also nicht das wahre Schicksal Satans, sondern nur ein integraler Bestandteil seiner Prüfung. Sein wahres Geschick ist ein Geheimnis, das ihm verborgen bleiben muß, bis die Zeit zu seiner Offenbarung gekommen ist.

Wenn wir Satan ausschließlich als tragische Figur betrachten, dann offenbart sich uns nicht die volle Wahrheit über ihn. Das gleiche gilt für die Betrachtung seiner Gestalt aus der Sicht der Prüfung und der göttlichen Heimsuchung.

Um die vollständige Wahrheit über Satan und seine tatsächliche Stellung in der Schöpfung zu begreifen, müssen wir seine wesenhafte und direkte Beziehung zum göttlichen Willen bestimmen. Al-Maqdisi läßt Satan sagen:

»Er hat mich so geschaffen, wie er es wollte; er hat mich lebendig werden lassen, als er es wollte; er hat mich benutzt bei allem, was er wollte. Er hat mir das Schicksal auferlegt, das er wollte. Ich habe es nicht ertragen, etwas anderes zu wollen als das, was er gewollt hat. Ich habe das, was er wollte, nicht überschritten, nicht getan, was er nicht gewollt hätte. Wenn er wollte, könnte er mich zu dem zurückführen, was er wollte, mich nach seinem Willen rechtleiten. Aber er wollte. Ich wurde, wie er es wollte. Wer hilft mir gegen das Schicksal? Wer vermag es, mich vor dem, was geschrieben steht, zu schützen? Alles, was sein Gefallen findet, nehme ich auf mich. Was vermag der schon, dessen Schopf in der Faust der Gewalt, dessen Herz in der Hand des Schicksals, dessen Geschick dem ewigen Gesetz unterworfen ist!«

Satan ist das Werkzeug des göttlichen Willens. Als er den Ungehorsam und die Verweigerung wählte, hat er sich nur für das entschieden, was Gott vor der Zeit für ihn bestimmt hatte. Er ist gefangen im Würgegriff seiner Gewalt. Insofern haben Gebot und Verweigerung des Gebots für ihn keine Relevanz, obwohl sie der Grund für seine Vertreibung waren. Al-Maqdisi beschreibt den göttlichen Zweck der Vertreibung aus der Sicht Satans:

»Du denkst, ich hätte fehlgeplant, falsch eingeschätzt, daß mich die Veränderung verändert hätte. Nein, beim hohen Rang seiner Macht und der Erhabenheit seiner Gewalt. Er hat das Gute und das Schlechte geschaffen, das Gerade und das Aufrechte, das Ding und sein Gegenteil zusammengefügt, um die Vollkommenheit seiner Macht zu beweisen. Die Dinge werden nur an ihrem Gegenteil erkannt. Zuerst hat er mich verpflichtet, die himmlischen Scharen die guten Dinge zu lehren. Ich erläuterte sie den Engeln, schmückte damit die Himmelssphären. Ich war der Lehrer des Einheitsbekenntnisses. Als die Kinder der Schreibstube die Beispiele ihres Einheitsbekenntnisses gelernt, das Alphabet ihrer Lobpreisung und Heiligung beherrscht hatten, schickte er mich von der höchsten in die niederste Welt, um ihnen das Gegenteil davon beizubringen, ihnen die Sünden zu zeigen, sie ihnen verführerisch zu machen. Durch mich wurde das Gute vom Schlechten erkannt, das Gerade und Richtige unterschieden. Ich bin auf Erden und im Himmel der Wissende aller Wissenden, der Lehrer aller

Gelehrten, ich bin das Wunder der Allmacht, der Betrachter des Angesichts der Weisheit. Wer ist diesem Angesicht näher als ich, wer vermag zu huldigen besser als ich. Mir gilt die Ehre, daß er mich genannt, auch wenn er mich verflucht hat. Ich bin stolz, wenn er mich eines Blickes würdigt, auch wenn er mich verstoßen hat. Durch sein Erkennen hat er mich verleugnet, durch meine Verwirrung hat er mich verwirrt, durch meinen Eifer hat er mich verändert, für meinen Dienst hat er mich fallengelassen, für meine Gesellschaft hat er mich seinen Anblick entbehren lassen. Jetzt ist meine Zeit für ihn reiner, mein Zustand mit ihm zufriedenstellender. Ich diente ihm für mein Glück, jetzt diene ich ihm für sein Glück. Das Glück hat sich durch die Trennung erhöht. Du meinst, es sei eine Trennung. Aber auch wenn ich aus dem Auge gefallen bin, so bin ich doch ins Innere des Auges gestürzt.«

V.

Warum prüft Gott seine Engel und Diener, obwohl er doch weiß, was sie zeigen und was sie verbergen? Welche Eigenschaften möchte er bloßlegen?

Bei der Unterscheidung zwischen dem Willen und dem Gebot Gottes wurde gezeigt, daß Gott beizeiten etwas gebietet, gleichzeitig aber will, daß etwas anderes geschieht. Gibt es eine religiöse Begründung für diesen Widerspruch in den Handlungen des Herrn?

Wir haben gesehen, daß Satan, ebenso wie alle anderen Geschöpfe, Gottes Gewalt vollkommen ausgeliefert und seinem Schicksal und den Gesetzen des göttlichen Willens vollständig unterworfen ist. Das hebt die Wirkung von Geboten und Verboten für ihn auf. Wenn das aber stimmt, wieso hat Gott ihn dann aufgrund eben jener Gebote und Verbote aus dem Paradies vertrieben? An dieser Stelle sei auch bemerkt, daß Gott schon vor der Zeit bestimmt hat, wer im Paradies und wer in der Hölle endet. Die religiösen Beweise dafür sind zahlreich. Als Beispiel sei folgender Hadith angeführt:

»Gott der Erhabene hat eine Handvoll Menschen genommen und gesagt: Diese ins Paradies durch meine Barmherzigkeit, mich kümmert es jedoch nicht; er hat dann eine Handvoll Menschen genommen und gesagt: Diese in die Hölle, mich kümmert es jedoch nicht.«

Trotzdem hat Gott die Propheten gesandt, die Bücher offenbart, sie mit Geboten und Verboten gefüllt, hat zwischen dem Guten und dem Bösen unterschieden. Was nutzt das alles dem, der durch Gottes Weisheitsschluß gezwungen ist, auszuführen, was für ihn vorherbestimmt ist?

Wenn Gott der Schöpfer aller Dinge ist, Gut und Böse für seine Diener vorherbestimmt hat, warum hat er gewollt, daß die Menschen glauben, Satan sei die Ursache für das Böse und die Sünde? Warum hat er gewollt, daß er die Sünden all derer trägt, die er für das Böse geschaffen hat und durch deren Hände er das Böse ausführen läßt? Löst sich dieser Widerspruch vielleicht auf, wenn er auf eine bestimmte Eigenschaft Gottes zurückgeführt wird? Ich glaube, daß die göttliche Eigenschaft, die wir hier suchen, die der List ist, die in einigen Versen des Korans belegt wird: »Und sie schmiedeten Listen, und Gott schmiedete Listen; und Gott ist der beste Listenschmied.« (Koran 3; 54)

»Und gedenke, als die Ungläubigen wider dich Listen schmiedeten, um dich festzunehmen oder dich zu ermorden oder dich zu vertreiben. Und Listen schmiedeten sie, und Gott schmiedete Listen; und Gott ist der beste der Listenschmiede.« (Koran 8; 30)

Andere Verse drücken dasselbe aus, ohne die göttliche List ausdrücklich zu nennen:

»Und so Wir eine Stadt zerstören wollen, erging Unser Gebot an die Üppigen darinnen. Und sie frevelten darinnen, und so erfüllte sich das Wort, und Wir zerstörten sie von Grund aus.« (Koran 17; 16)

»Siehe, die Heuchler wollen Gott betrügen, doch betrügt er sie...« (Koran 4; 142)

Der prüfende Befehl war diesen Versen zufolge nur ein Instrument der göttlichen List, die interveniert, um den Willen Gottes als zielgerichtet, begründet und ursächlich erscheinen zu lassen. Danach hat Gott auch gegen die Engel Listen ersonnen und ihnen vorgemacht, Satan sei wegen seines Ungehorsams vertrieben worden. Würden sie wirklich glauben, daß Gott von Anbeginn dieses Schicksal für Satan vorhergesehen hatte, so würde ihr Verstand dies nicht nachvollziehen können. Der Glaube an seine Gerechtigkeit und Barmherzigkeit würde ihnen abhanden kommen, oder wie Al-Maqdisi Satan sagen läßt:

»Wenn einer von ihnen sündigt, dann sagt er, Satan habe sie in die Sünde getrieben; wenn einer von ihnen etwas vergißt, sagt er, Satan habe ihn vergessen lassen; wenn einer von ihnen etwas Böses tut, sagt er, das sei Satans Werk. Ich bin der Lastenträger der Sünden aller Frevler, der Lastenträger der Bürden aller Sündhaften.«

Praktisch gesehen hilft er damit seinen Dienern, denn er beläßt sie in dem Glauben, Satan sei wegen seiner Weigerung vertrieben worden. Tatsächlich aber hatte Gott für ihn vor der Zeit bestimmt, daß er den himmlischen Scharen von der Einheit Gottes kündet, in der Welt jedoch derjenige ist, der die Sünde und den Frevel lehrt.

Gott hatte ebenfalls vor der Zeit beschlossen, wer die Bewohner des Paradieses und wer die der Hölle sein sollen, hat aber trotzdem die heiligen Bücher offenbart und die Propheten gesandt, Gebote und Verbote festgelegt, um seinen Dienern zu zeigen, daß ihr Glück und Elend von ihrem persönlichen Verhalten und ihrer eigenen Wahl abhängen. Denn wer in diesem Glauben lebt, wirft ihm nicht das Schicksal vor, das Gott ihm vorherbestimmt hat, denn »Gott führt irre, wen er will, und leitet recht, wen er will« (Koran 35; 8), »er wird nicht zur Rechenschaft gezogen über das, was er tut. Aber sie werden zur Rechenschaft gezogen.« (Koran 21; 23)

Durch diese List wollte Gott, daß seine Diener die Verfehlungen und Sünden entweder sich selbst zuschreiben, wie Adam es getan hat, oder aber Satans Täuschungen und Versuchungen – genauso wie sie Gott das Gute, die Gerechtigkeit und die Barmherzigkeit zuschreiben.

Hinzu kommt, daß die Diener es nicht hätten ertragen können, Gott als den Schöpfer allen Unheils und aller Katastrophen anzusehen. Auch aus diesem Grund ist es besser, an einen Feind Gottes zu glauben, der Satan heißt und der der Ursprung der Verfehlung und Sünde ist. Al-Maqdisi läßt Satan sagen:

»Danach hat er mich zum Instrument für die Sünde gemacht, zum Grund für die Ausrichtung der Gebote und Verbote.«

Einige Gelehrte, die sich um eine Interpretation bemüht haben, lehnten es ab, die Sünde dem göttlichen Willen zuzuschreiben. Statt dessen behaupteten sie – aus dem Wunsch heraus, Gott von der Schaffung der Sünde und ihrer Bestimmung für seine Diener reinzuhalten – Satan sei der Ursprung des Bösen, der Schöpfer der Sünde. Diese Interpretation entspricht aber eher philosophischen Ideen und weniger einem religiösen Ansatz. Hinzu kommt, daß diese Interpretation Satan die Fähigkeit zur Schöpfung zuerkennt, und eben nicht nur zur Zerstörung und Verderbnis. Das muß die Religion ablehnen, denn hätte Satan die Sünde schaffen wollen, so hätte Gott sie mit seiner Allmacht verhindern können. Da er sie nicht verhindert hat, folgern wir, daß ihre Existenz seinem ewigen Willen entspricht.

Was wäre schließlich daraus für unsere persönliche Haltung gegenüber Satan zu folgern? Die traditionelle Sicht von Satan müßte einen prinzipiellen Wandel erfahren, er würde als Engel rehabilitiert, der seinem Herrn in Treue und Ergebenheit dient und die Gebote seines Willens genau und sorgfältig befolgt. Schließlich müßten wir aufhören, ihn zu beschimpfen, und ihm verzeihen. Wir müßten um Vergebung für ihn bitten, ihn den Menschen anempfehlen, nachdem wir ihn, fälschlicherweise, als verantwortlich für alle Frevel und Sünden betrachtet haben.

Ich sehe es jedoch als meine Pflicht an, die Leser zu warnen, daß die Rehabilitierung Satans Konsequenzen nach sich zieht, die zu Beginn dieser Überlegungen nicht offensichtlich sind. Eine solche neue Perspektive zwänge uns, viele unserer tradierten religiösen Ideen und Glaubensvorstellungen über Fragen des Diesseits und des Jenseits zu ändern.

[Aus dem Arabischen von Chérifa Magdi]

Islamischer Fundamentalismus – Neubewertet

> »Protestanten gibt es im Himmel nicht.
> Dort sind nur Katholiken.«
> Erzbischof Marcel Lefebvre
> »Die Sprache des Paradieses ist Arabisch.«
> Arabisches Sprichwort

I.

Alle Einflüsse, die das arabische Leben in den letzten ungefähr 150 Jahren maßgeblich geprägt haben, waren europäischer Herkunft. Erinnert sei an Kapitalismus, Sozialismus und Kommunismus, Nationalismus, Säkularismus und Liberalismus, oder an die theoretischen wie angewandten Wissenschaften und Technologien (sowohl ziviler wie militärischer Natur). Erinnert sei auch an den Aufbau des modernen Nationalstaates mit all seinen Institutionen und Dienstleistungen. Diese Einflüsse setzen sich bekanntlich gleichermaßen über politische und ethnische wie über kulturelle und religiöse Grenzen hinweg. Warum sorgen dann ausgerechnet politisch-religiöse Bewegungen wie der islamische Fundamentalismus und die islamische Wiederbelebung für Überraschung? Sind nicht islamischer Fundamentalismus und islamische Wiederbelebung durch dieselben historischen Kräfte hervorgerufen worden wie westliche Fundamentalismen?

Meine These lautet deshalb: Weder aus Zufall noch aus Willkür lassen sich Begriffe, die aus der katholischen und protestantischen Auseinandersetzung mit der Moderne entstammen, auf das Phänomen des Islamismus anwenden.

Westliche wie arabische Gelehrte haben die islamischen Reformbewegungen des späten 19. und frühen 20. Jahrhunderts als Renaissance und Reformation, als Erwachen und Experiment des Liberalismus, als islamischen Modernismus und »liberales Zeitalter der modernen arabischen Geisteswelt« (so Albert Hourani) bezeichnet. Wenn die Religion eines sozialen Systems wie der arabischen Welt eine tiefgreifende Reformation durchlaufen konnte, ist dann das Auftreten einer Art Gegenreformation bzw. fundamentalistischer Abwehrhaltung unverständlich? Trat nicht 1928 mit Gründung der Muslimbruderschaft, jener Urform aller Fundamentalismen in der arabischen Welt, tatsächlich eine Gegenreformation dieser Art in Erscheinung – bezeichnenderweise in Ägypten, dem klassischen Ort der islamischen Reformation? An dieser Stelle ist es sinnvoll, sich in Erinnerung zu rufen, daß Ägyptens Bourgeoisie und nationalistisches Unternehmertum zur Zeit der Revolution von 1919, die sich gegen die britische Herrschaft wandte, sich politisch emanzipierten und sofort für einen Kurs der Modernisierung, Säkularisierung und Kapitalisierung einsetzte, der an Geschwindigkeit und Ausmaß alles übertraf, was das Land bis dahin gesehen hatte. Wen wundert es da, wenn die fundamentalistische Gegenreaktion sich am Ende dieser Periode entfaltete? Der islamische Modernismus vereinte im Laufe seiner Entwicklung gleichermaßen Elemente einer theologischen und rechtlichen Reformation, einer literarischen und intellektuellen Renaissance, einer rationalistisch-wissenschaftlichen Aufklärung und eines politisch-ideologischen *Aggiornamento* in sich. Darf es da noch überraschen, wenn auch die islamische Reaktion sich selbst im wesentlichen als Gegen-Reformation, Gegen-Renaissance, Gegen-Aufklärung und Gegen-Aggiornamento versteht – alles in einem und zur gleichen Zeit?

Trotzdem sollte nicht vergessen werden, daß in der Dialektik der Geschichte Gegenreformationen niemals bloße Reaktionen oder Restauration waren, sondern *Reformationen* aus eigenem Recht (und sei es auch nur dem eigenen Anspruch nach). Wenn man also von Gegenreformationen spricht, sollte Nachdruck folglich auf den Reformations-Aspekt des Prozesses gelegt werden und nicht auf das *Gegen*. Die Vergangenheit wird auch von der islamischen Gegen-Reformation nicht um ihrer selbst willen bemüht, sondern weil man die Gegenwart als »heruntergekommen« empfindet (hervorgerufen durch die zerstörerischen Kräfte der Reformation) und sie mit Sinn erfüllen will und vor einer gefährdeten Zukunft bewahren will. Die Frage nach dem Erfolg einer derartigen Gegenreformation bleibt freilich völlig offen.

Aufgrund einer langen Geschichte der Eroberungen und Rückeroberungen sind die eigentlichen Konturen des Verhältnisses zwischen

Christentum und Islam schwer zu erkennen; denn beide Religionen sind gewohnt, ineinander wechselseitig die Verkörperung des Bedrohlichen und den Inbegriff des Anderen zu sehen. Grundlegende Wahrheiten dürfen durch diese äußere Feindseligkeit, Ausgrenzung und Andersartigkeit nicht beeinträchtigt oder verzerrt werden. Durch das in meinen Augen einfachste und überzeugendste Beispiel werde ich versuchen, meine Sichtweise zu erläutern:

Der Westen ist stolz auf sein jüdisch-christliches und sein griechisch-römisches Erbe. Ebenso ist auch der Islam in jeder Hinsicht ein Sproß dieser jüdisch-christlichen Tradition – sogar in seinem Selbstbild. Dabei steht der Islam der jüdisch-christlichen Tradition zweifellos näher als Judentum und Christentum ihrem griechisch-römischen Erbe. Die Auffassung von einer jüdisch-christlich-islamischen Traditionslinie (bestimmt von einem spannungsreichen internen Verhältnis) und einem griechisch-römischen Erbe wäre daher zutreffender. Der nahöstliche Islam war niemals so unberührt von griechisch-römischen Einflüssen, wie es die anhaltenden Spannungen zwischen den beiden Sphären auf den ersten Blick vermuten ließen. (Alles in allem finden sich in Syrien mehr römische Ruinen und Spuren als in Rom selbst.) Mit Byzanz eroberte der Islam einen seiner Kultur nach hellenisierten christlichen Nahen Osten. Dabei bildete der Hellenismus – wenn auch in unterschiedlichem Maße – die Grundlage der Scholastik des östlichen Christentums, der Scholastik des Islam und der Scholastik des westlichen Christentums – gleichzeitig war dies auch die Zeit der großen Talmud-Kodifizierung. Platon, Aristoteles und Plotin waren allen ebenso gemeinsam wie Adam, Abraham und Moses.

Meine Absicht ist dabei keineswegs zu behaupten, der Nahe Osten sei letztendlich auch europäisch-westlich, wohl aber folgendes: Wenn sich beispielsweise Kapitalismus, Sozialismus, Nationalismus und Säkularismus, die der europäischen Moderne entstammen, über den islamischen Nahen Osten ausbreiten, so sind diese Gesellschaften und Kulturen, in denen sie ihre Wirkung entfalten, keineswegs so grundsätzlich anders als die Gesellschaften und Kulturen der Entstehungsländer dieser Kräfte. Aus diesem Grund sollte es auch nicht verwundern, wenn sich diese Kräfte im arabisch-islamischen Kontext ähnlich manifestieren wie in den europäisch-westlichen Zusammenhängen, aus denen sie stammen. Oder um es mit Karl Marx zu sagen: Was sich in einem Fall in die Form einer Tragödie kleidet, tritt möglicherweise ein anderes Mal als Farce auf.

II.

Wenn wir Begriffe wie *Fundamentalismus, Islamismus oder Integrismus* zur Beschreibung der religiös-politischen Erscheinung des zeitgenössischen islamischen Fundamentalismus benutzen, so ist eine erhebliche Verunsicherung festzustellen. Hierzu genügt ein kurzer Blick in die wissenschaftliche Literatur, die im Westen zu diesem Thema – speziell zur arabischen Welt – verfaßt worden ist. Im Mittelpunkt steht dabei die Frage, ob Vorstellungen, die der christlich-abendländischen Erfahrungswelt entstammen, mit Berechtigung auf den mutmaßlich sehr unterschiedlichen arabischen und islamischen Kontext übertragen werden können.

Richard Mitchell, der bedeutendste amerikanische Experte für die Geschichte der ägyptischen Muslimbrüder, behauptet, es gäbe im Arabischen keine genaue Entsprechung für einen Begriff wie *Fundamentalismus*. Damit legt er auch nahe, daß seine Übertragung auf den Islam nicht legitim sei.[1] Ein anderer Fachmann, der mit demselben begrifflichen Problem zu kämpfen hat, erachtet es für »unklug, vorgefaßte Vorstellungen auf dieses Phänomen [die islamischen Bewegungen] zu übertragen – besonders dann, wenn man eine nichtwestliche Tradition wie die des Islam untersucht«.[2] John O. Voll vermerkt den zurückhaltenden Umgang einiger zeitgenössischer muslimischer und nicht-muslimischer Gelehrter mit dem Begriff des Fundamentalismus in islamwissenschaftlichen Studien, um dann aus rein praktischen Gründen der Übereinkunft, des weitverbreiteten Gebrauchs und in Ermangelung einer besseren Alternative, den Be-

---

1 »The Islamic Movement: Its Current Condition and Future Prospects«, in: *The Islamic Impulse*, hg. v. Barbara Freyer Stowasser, Center for Contemporary Arab Studies, Georgetown University, Washington, D. C., 1987, S. 79.
2 Ninian Smart, »Three Forms of Religious Convergence«, in: *Religious Resurgence: Contemporary Cases in Islam, Christianity, and Judaism*, hg. v. Richard T. Antoun und Mary Elaine Hegland, Syracuse, New York, 1987, S. 223.

griff beizubehalten.³ Yousef N. Choueiri leitet sein Buch *Islamischer Fundamentalismus* mit der Bemerkung ein, Fundamentalismus sei nicht mehr als ein »vager Begriff, ein modisches Kampfwort, um die militante Ideologie der zeitgenössischen islamischen Bewegungen zu beschreiben«. Er hält aber »aus Mangel an einem besseren Wort«⁴ an dem Begriff fest.

In demselben beschwichtigenden Sinn erklärt Lawrence Kaplan, daß, obwohl der Begriff Fundamentalismus »eine ungenaue Vereinfachung darstellt«, er es doch »irgendwie geschafft hat, sich durchzusetzen«.⁵ In ähnlicher Weise tritt Martin Marty für einen »naiven Nominalismus« ein und zieht dann mit besonderem Nachdruck den Schluß, daß »Fundamentalismen substantiell wenig oder gar nichts gemeinsam haben«.⁶

Während einer Diskussion bestand Gilles Kepel darauf, daß es im Arabischen keine wirkliche Entsprechung zum Begriff *Fundamentalismus* gebe und daß der gegenwärtig im Arabischen weitverbreitete Begriff *Usuli* nicht mehr als eine erst jüngst vorgenommene Übersetzung des englischen Originalbegriffs ins Arabische sei. Nachdem er sich mit dem Begriffs-Puzzle genügend abgemüht hat, ist Kepel im Schlußkapitel seines Buches nicht mehr weit von der Schlußfolgerung entfernt, das islamistische Phänomen widersetze sich schlicht sozialwissenschaftlichen Kategorien.

Aus denselben Gründen kommen so unterschiedliche Gelehrte wie Bernard Lewis und Seyyed Hossein Nasr zu dem Ergebnis, daß der Gebrauch des Begriffs Fundamentalismus im islamischen Kontext »höchst unglücklich und irreführend« (Nasr)⁷ sei, bzw. »unglücklich bleibt und zu Mißverständnissen führen kann«, obwohl er »heute im allgemeinen Gebrauch« ist und »als solcher akzeptiert werden muß« (Lewis)⁸.

---

3 »Fundamentalism in the Sunni Arab World: Egypt and the Sudan«, in: *Fundamentalisms Observed*, hg. v. Martin E. Marty und R. Scott Appleby, 1991, S. 347.
4 Islamic Fundamentalism, London 1990, S. 9.
5 Lawrence Kaplan (Hg.), *Fundamentalism in Comparative Perspective*, Amherst 1992, S. 5.
6 »Fundamentals of Fundamentalism«, ebd., S. 16.
7 »Present Tendencies, Future Trends«, in: Marjorie Kelly (Hg.), *Islam: The Religious and Political Life of a World Community*, New York 1984, S. 279–280.
8 *The Political Language of Islam*, Chicago 1988, S. 117.

Der Experte für den modernen Iran, Ervand Abrahamian, beantwortet die Begriffsfrage nicht eindeutig. Auf der einen Seite argumentiert er gegen eine Übertragung des Begriffs Fundamentalismus auf den heutigen islamischen Nahen Osten, weil dessen Ursprünge im amerikanischen Protestantismus des frühen 20. Jahrhunderts liegen; dann allerdings legt er dar, wie »Khomeinis eigene Gefolgsleute in Ermangelung eines solchen persischen oder arabischen Begriffs ein neues Wort geprägt haben: *bonyadgarayan*; entstanden durch wortwörtliche Übersetzung des englischen Begriffs *fundamentalist*«.

Wie Kaplan stellt er fest, daß der Begriff sich nicht nur irgendwie »festgesetzt« hat, sondern unter den Anhängern Khomeinis Popularität genoß als »werbewirksames Aushängeschild, das ihren Anspruch verkündete, sie seien die einzigen, die getreu den ›Fundamenten‹ des Islam lebten – in scharfem Kontrast zu jenen, die durch fremde Ideen und historische Fehlinterpretationen des Korans, der Hadithe (Überlieferungen des Propheten), der Scharia (des islamischen Rechts) und der Lehren der zwölf schiitischen Imame in die Irre geführt wurden«.

Zwar findet Abrahamian diese Situation »seltsam«, aber er versucht nicht zu erklären, warum ausgerechnet ein christlicher Begriff, der doch einer feindlichen Kultur entstammt, so exakt das Glauben und Handeln der Anhänger von Khomeini ausdrückt, noch, warum sich dieser Begriff als »dauerhaft« erwies und solche Popularität erlangen konnte. Die Beantwortung dieser Fragen[9] bleibt dem Zufall und der Beliebigkeit überlassen. Daß der zunächst fremde Begriff Fundamentalismus so mühelos zu einer Kategorie der Islamisten selbst wurde, kann kein bloßer Zufall sein.

Einer anderen kompromißlosen Position zufolge sollen wir alle Begriffe wie *Fundamentalismus* im Zusammenhang mit dem Islam fallenlassen: zum einen wegen des allgemeinen Grundsatzes, daß man »nie Begriffe zur Beschreibung von Menschen verwenden sollte, die sie nicht akzeptieren bzw. für sich selbst verwenden« würden, zum anderen wegen der Tatsache, daß »Fundamentalismus weder ein Begriff ist, noch je einer war oder sein wird, den die Mehrheit der Muslime gebraucht, um ihre eigenen religiösen Anschauungen oder

---

9 Ebd.

die anderer Muslime – auch solcher, mit denen sie nicht übereinstimmen – zu beschreiben«.[10]

Barbara Freyer Stowasser findet es ebenfalls »... bemerkenswert, daß es im Arabischen kein originäres Wort für ›Fundamentalismus‹ gibt, und daß Muslime weder sich selbst noch andere als solche bezeichnen....«[11]

Mag die begriffliche Vorsicht auch unzweifelhaft dem lobenswerten Wunsch entspringen, ein kritischeres Selbstbewußtsein zu erlangen, so ist diese Debatte im Ergebnis ziemlich enttäuschend. Bestenfalls finde ich sie unvollständig, im Grunde aber absolut ergebnislos.

Meine Kritik setzt dabei an drei Punkten an:

Erstens: Die unterschiedlichen verbalen Unterscheidungen, terminologischen Hypothesen und semantischen Empfehlungen, die vorgeschlagen werden, führen zu keinem befriedigenden Ergebnis. Am Ende findet man sich ziemlich genau am Ausgangspunkt wieder, und die diskreditierten Begriffe werden nach wie vor verwendet.[12]

Zweitens: Solange diese Begriffsdebatten nur dazu führen, wesentliche Fragen über das islamische Phänomen selbst zu vermeiden, statt konzeptionell voranzuschreiten, wird sich ihr Niveau kaum über das bloßer Wortklaubereien erheben.

Drittens: Zwar werden die Verkürzungen, die Begriffen wie *Fundamentalismus* und *religiöser Wiederbelebung* innewohnen, ausgiebig bemängelt, aber keinen der genannten Autoren hält das davon ab, sie trotzdem weiterhin anzuwenden. »Wir tun dies nur«, so ihre stereotype Begründung, »weil es eben keinen besseren Begriff gibt.« Besonders fatal scheint mir in diesem Zusammenhang die Tatsache, daß es keinerlei Anstrengungen gibt, Grundfragen wie diesen nachzugehen: Wie könnte oder müßte ein besserer Begriff beschaffen sein? Woher könnte er kommen? Warum wird der Terminus Fundamentalismus für so passend, nützlich und informativ, ja für beinahe unersetzbar gehalten?

---

10 Bruce B. Lawrence, »Muslim Fundamentalist Movements: Reflections Towards A New Approach«, in: *The Islamic Impulse*, S. 18.
11 *The Islamic Impulse*, S. 5.
12 Für eine charakteristische »Typologie grundlegender Positionen« zum islamischen Fundamentalismus siehe C. A. O. Van Nieuwenhuijzes »Secularisation or Essentialism? Fertile Ambiguities in Contemporary Middle Eastern Civilization«, in: *Le Cuisinier et Le Philosophe: Hommage a Maxime Rodinson*, Paris 1982, S. 283–291.

Um die völlige Unbeweglichkeit und den strengen Nominalismus, die die Debatte beherrschen, zu überwinden, möchte ich mit einer Reihe von Fragestellungen einen anderen Weg andeuten:

Sind Vorstellungen und Begrifflichkeiten wie *Fundamentalismus, religiöse Wiederbelebung, Integrismus* ihrem Forschungsgegenstand angemessen? Beschreiben sie exakt die charakteristischen Züge und Eigenheiten jener Bewegungen, ihre Ideen und Praktiken, die wir zu kennzeichnen, zu verstehen und zu erklären suchen?

Ist die Annahme historisch haltbar, daß es eine muslimische Gedanken- und Lebenswelt gibt, die so spezifisch und eigengesetzlich ist, daß sich die Übertragung ursprünglich christlicher Vorstellungen wie *Fundamentalismus* oder *religiöse Wiederbelebung* auf den Islam verbietet? Und: Falls es richtig sein sollte, daß das Arabische keine wirkliche Entsprechung für den Begriff Fundamentalismus kennt, kann nicht schlicht ein passender Begriff eingeführt werden, um damit das islamistische Phänomen selbst zu untersuchen?

Wenn es stimmen sollte, daß ein solcher Begriff im Arabischen fehlt, was sagt dies über den Islam insgesamt aus? Könnte es zum Beispiel bedeuten, daß der Islam entweder immer fundamentalistisch war und deswegen keinerlei Bewußtsein davon entwickeln konnte, oder aber, daß der Islam nie fundamentalistisch war und daher konsequenterweise auch nie der Bedarf an einem solchen Begriff bestand?

Wie aber sollen wir mit der Tatsache umgehen, daß heute Araber (und – wie man den Untersuchungen von Abrahamian entnehmen kann – auch die Iraner), die in arabischer Sprache die Diskussion über die islamistischen Erscheinungen führen, immerfort Begriffe verwerfen, neu entlehnen bzw. alle möglichen passenden und unpassenden Begriffe und Vorstellungen entwickeln, ohne besondere Rücksicht auf unterschiedliche Ursprünge, Erfahrungen und Hintergründe zu nehmen? Ist es tatsächlich so, daß sich das islamistische Phänomen (besonders in seiner militanten Form, wie sie von Gilles Kepel untersucht wurde) den heutigen Kategorien der Sozialwissenschaft entzieht? Und wenn dem so sein sollte, ist es dann nicht die Aufgabe von seriösen Sozialwissenschaftlern (unabhängig von ihren persönlichen religiösen Überzeugungen und politischen Auffassungen), die nötigen erkenntnistheoretischen Hilfsmittel und Kategorien zu entwikkeln, um die anstehende Aufgabe zu lösen?

Oder aber will die unterschwellige Botschaft, das islamistische Phänomen sei so einzigartig, eigentümlich und aus der Welt, nahelegen, daß keine rational orientierte Sozialwissenschaft hoffen darf, dieses Phänomen untersuchen, verstehen und erklären zu können?

Ich möchte auch folgende Frage nochmals aufgreifen: Soll ich den persönlichen Rat derer wirklich ernst nehmen, die fordern, nie zur Beschreibung von Menschen Begriffe zu verwenden, die sie selber nicht akzeptieren oder auf sich selbst anwenden? Wäre ich je berechtigt zu sagen, dieser oder jener Staatschef im Nahen Osten sei ein brutaler Militärdiktator, wenn ich gleichzeitig berücksichtige, daß er selbst nie eine solche Bezeichnung für sich oder sein Regime zulassen würde? Speziell im Nahen Osten würde diese Haltung, nur das zu glauben, was die Menschen – insbesondere die herrschenden Eliten – über sich selbst aussagen, auf direktem Wege in die politische Katastrophe führen und das Ende jeder vernünftigen Auseinandersetzung über sozialen Wandel, Reformen und jeder Zukunftshoffnung bedeuten. Ob die schönen Seelen, die derartige Vorschläge machen, je einen Gedanken an die politischen und erkenntnistheoretischen Implikationen ihrer Art von Rat verschwenden? Die Mehrheit der Araber hat überdies längst begriffen, daß die Aussagen ihrer Regierungen und Staatschefs über die Regierten oder sich selbst mit Vorsicht zu genießen sind. Aus diesem Grunde ist ihre politische Grundhaltung von einem gesunden und entlarvenden Zynismus gegenüber den Anmaßungen der Macht und der hohen Autoritäten geprägt.

III.

Im folgenden möchte ich für die erkenntnistheoretische Berechtigung, die wissenschaftliche Vertretbarkeit sowie die kritische Anwendbarkeit von Begriffen wie *Fundamentalismus* und *religiöse Wiederbelebung* im Studium der zeitgenössischen islamistischen Phänomene eintreten, obwohl sie einem modernen westlich-christlichen Zusammenhang entlehnt sind.

Beginnen möchte ich dabei mit dem heute weitverbreiteten arabischen Begriff *Usuli*. Der Begriff *Usuli* sei nicht mehr – so argumentieren seine Gegner – als eine jüngst eingeführte Neuerung, um eine arabische Entsprechung für das ursprünglich englische Konzept des *Fundamentalismus* zu schaffen. Dem ist jedoch entgegenzuhalten, daß das Ausschlaggebende in diesem Zusammenhang weder der Ursprung dieses Begriffes ist noch die Art, auf der er in das heutige Arabisch Eingang fand, sondern vielmehr, was er tatsächlich bedeutet und was er nicht bedeutet. Solange Arabisch eine lebendige Sprache ist, werden stets Begriffe neu eingeführt und andere verworfen werden. Dies gilt auch für neue Vorstellungen und Ideen, die in den sozio-politischen und religiös-ideologischen Diskurs eingeführt werden – ohne erst zu klären, ob diese nun aus dem islamischen *Turath* (Erbe) stammen oder aber europäischen Sprachen, kolonialen Einflüssen und zeitgenössischen Erfahrungen entspringen. Dabei möchte ich keinesfalls leugnen, daß ein gewisses Wissen über die Ursprünge solcher Begriffe lehrreich ist. Aber die philologische Bestimmung sogenannter *erster Bedeutungen* kann nur die übelsten orientalistischen Blüten treiben. Und die bloße Faszination durch *primäre Ursprünge* führt letztlich nur zu einer fruchtlosen und sehr simplen Mystifizierung dessen, was heute lebende Araber und Muslime denken und tun.

Gleichzeitig bin ich mir keiner grundsätzlichen Abneigung oder Einwände gegen die Verwendung des Begriffs *Usuli* bewußt, weder durch die Islamisten und ihre Apologeten noch durch ihre säkularistischen Kritiker. Die mittlerweile vielfältigen und zahlreichen arabischen Schriften über die Islamisten (gegen sie, für sie, wie auch von ihnen selbst verfaßt) zeugen zwar von einer scharfen und polemischen Debatte über alle zentralen Punkte ihrer Politik, Lehre und Auslegung; eine Auseinandersetzung aber über Begriffe wie *Fundamentalismus* und *religiöse Wiederbelebung* sowie deren Anwendbarkeit auf das islamistische Phänomen fehlt. In der gesamten Literatur werden genau diese Begriffe auffällig oft verwendet, wie beispielsweise von Rifaat Sayyed Ahmad[13], dem bekanntesten ägyptischen

13 Ich beziehe mich hier auf die Werke von Rifaat Sayyed Ahmad und besonders auf seine zweibändige Sammlung der bedeutendsten Schriften, Traktate und Manifeste sowie der Aufnahmen des Gerichtsverfahrens und der Verhöre etc. der militanten ägyptischen Islamisten. Band 1 trägt den Titel: *Der bewaffnete Prophet: Die Zurückweiser (Al-Nabi Al-Musallah: Al-Rafidun)*, während der zweite Band den ähnlichen Titel: *Der bewaffnete Prophet: Die Revolutionäre (Al-Nabi Al-Musallah: Al-Tha'irun)* trägt; beide veröffentlicht bei Riad al-Rayyes Books, London

Kompilator und Herausgeber von Schriften militanter Islamisten. Das Werk von Hasan Hanafi, einem der bekanntesten und gleichermaßen produktivsten ägyptischen Intellektuellen, kann als weiteres gutes Beispiel dienen. Kurz nach der Ermordung von Präsident Sadat im Oktober 1981 ging Hanafi dazu über, die nicht ganz einwandfreien Vorstellungen des Islamischen *Fundamentalismus (Al-Usuliyya Al-Islamiyya)*, der *Islamischen Wiederbelebung (Al-Ihya Al-Islami)* und ähnliche Begriffe in seiner einfühlenden Verteidigung von Lehre, Politik und Praxis der ägyptischen Islamisten zu verwenden.[14] Hanafi geht davon aus, daß *Islamischer Fundamentalismus* die Suche nach den Grundlagen *(Usus)* bedeutet. Darüber hinaus behauptet er, es habe in der islamischen Geschichte ständig eine sich selbst erneuernde fundamentalistische Strömung gegeben, die von den Islamisten des heutigen Ägyptens bis zum großen klassischen Juristen Ahmad Ibn Hanbal und seiner Schule reiche.[15] Hanafis Argumentation ist ganz offensichtlich eine selbstgerechte Rationalisierung ex post facto, die jeder historischen Grundlage und Legitimität entbehrt. Aber sie räumt wenigstens mit der falschen Vorstellung auf, daß die Islamisten es ablehnen, *Fundamentalisten* oder *Usulis* genannt zu werden.

Ein Begriff wie *Usuli* (Fundamentalist) kann auf einen klassischen islamischen Präzedenzfall verweisen, nämlich die grundlegende Aufteilung jeder klassischen islamischen Theologie, Rechtswissenschaft und Gelehrsamkeit (sunnitischer wie schiitischer gleichermaßen) in Fundamente und Grundprinzipien der islamischen Religion einerseits und deren Verzweigungen und Nebenlinien auf der anderen Seite. Deshalb trägt ein Hauptwerk des großen klassischen islamischen Theologen Al-Asch'ari, der im Jahr 935 starb, den treffenden Titel: Die Erläuterung der *Grundlagen der Religion (Al-Ibanah an Usul Ad-Diyana)*. Bis auf den heutigen Tag heißt die wichtigste Fakultät der Kairoer Universität Al-Azhar – seit Jahrhunderten das heraus-

---

1991. Es handelt sich dabei nicht um eine in jeder Beziehung kritische Ausgabe. Sie ist vielmehr voll von länglichen, abschweifenden und wiederholenden (obwohl manchmal informativen) Kommentaren und Einführungen. Aber sie ist die beste Ausgabe, über die wir im Moment verfügen. Im folgenden werde ich mich auf diese Bände im Text mit (D 1) und (D 2) sowie anschließender Seitenzahl beziehen.
14 Hassan Hanafi, *Die islamischen Bewegungen in Ägypten (Al-Harakat Al-Islamiya fi Misr)*, Kairo 1986.
15 Ebd., S. 9–12.

ragende Zentrum der islamischen Gelehrsamkeit – Fakultät für die Fundamente der Religion (Fakultät *Usul Ad-Din*). Die beiden wichtigsten Begriffe, die stets in Schriften der Islamisten (unabhängig von ihrer Couleur und Herkunft) verwendet werden, sind ganz in diesem Sinne *Usul* und *Usus* (Fundamente, Quellen, Grundlagen). Sie beziehen sich zweifelsfrei auf den Koran und auf die Tradition *(Sunna)* des Propheten im Sinne der beiden entscheidenden Säulen und Grundlagen der islamischen Religion.

Ein Mitglied jener Vierergruppe – einer Zelle der berüchtigten Organisation *Islamischer Heiliger Krieg (Dschihad)* –, die 1981 Präsident Sadat ermordet hatte, beschrieb daher die Geisteshaltung dieser Gruppe als geprägt vom »fundamentalistischen Aufruf nach Rückkehr zu Verständnis und Lehre der guten Vorfahren *(Dawa Salafiyya Usuliyya)* in einer von Korruption beherrschten Zeit« (D 1, 113). Ein Manifest derselben islamistischen Organisation beklagt unter dem Titel *Die Charta der islamischen Tat* die Abwesenheit von Fundamenten des Islam in den angeblich islamischen Gesellschaften der Gegenwart (vgl. D 1, 167). Die Charta erklärt, ihr Zweck sei es, »die religiösen Fundamente wieder in Erinnerung zu rufen und hervorzustreichen, die keine islamische Bewegung aus den Augen verlieren darf, wenn sie entschlossen ist und sich verpflichtet fühlt, letztendlich alle ihre Belange nach dem Vorbild des wahren islamischen Rechts zu regeln. (...) Diese Grundlagen wurden weder erfunden, noch sind sie eine Neuerung. Sie sind vielmehr feststehende Axiome, die kein Muslim übergehen, geschweige denn ablehnen darf. Aber leider sind einige [dieser Fundamente] – wenn nicht gar die meisten von ihnen – von denjenigen übersehen worden, die sich für die Belange der Religion eingesetzt haben (...) Und da sie lange Zeit nicht beachtet wurden, (...) hielten wir es für unsere Pflicht, den Versuch zu unternehmen, die islamische Bewegung durch ihre religiösen Fundamente zu regeln. Denn ihre Preisgabe bedeutet den Verlust jeglicher Hoffnung auf den Sieg.« (D 1, 167)

In der Islamischen Wiederbelebung sieht Rifaat Sayyed Ahmad »das Wiedererstarken der Fundamente des Islam, ungeachtet einzelner historischer Theorien und Interpretationen« (D 2, 53).

Aus diesem Grund fordern die heutigen Islamisten der arabischen Welt nicht nur so beharrlich eine sofortige Rückkehr zu den islamischen *Grundlagen* und *Fundamenten*, sondern erwecken durch ihr Auftreten den Eindruck, als hätten sie ausschließlich diese besagten Fundamente wiederbelebt. Jede der islamistischen Fraktionen versteift sich gleichermaßen darauf, daß nur diese Fundamente wirklich imstande sind, das Volk zu radikalem gesellschaftspolitischem Handeln zu bewegen und für die künftigen Auseinandersetzungen mit inneren und äußeren Feinden zu mobilisieren. Denn nur so lasse sich eine dauerhafte und wahrhaft islamische Lösung für all jene Krankheiten und Probleme finden, von denen die heutigen islamischen Gesellschaften heimgesucht werden.

Im Lichte dieser Überlegungen scheint mir der Schluß naheliegend, daß die Bezeichnung dieser islamischen Bewegungen als *fundamentalistisch* (im strengen Sinne des Wortes) angemessen und zutreffend ist. Ich möchte nun die Frage an die semantischen Skeptiker und Begriffs-Nominalisten richten, was denn – im Hinblick auf wissenschaftliche Vertretbarkeit – noch vonnöten sei, um solche Bewegungen *fundamentalistisch* nennen zu können?

Die Verteidigung des Fundamentalismus-Konzepts darf freilich nicht als unkritische Rechtfertigung von jedwedem Gebrauch und Mißbrauch des Begriffs gedeutet werden. Diese Bewegungen *fundamentalistisch* zu nennen, heißt nicht, aufgrund eines ersten Eindrucks und ohne weitere Differenzierung hinzunehmen, was jene über sich selbst sagen, noch was sie beanspruchen, erreicht zu haben – nämlich das Absondern und Wiederbeleben der Fundamente des Islam. Besonders dieser letzte Punkt bleibt als Frage offen und damit Gegenstand weiterer Untersuchungen und empirischer Forschungen. Mit anderen Worten: Die Frage, was nun genau diese Bewegungen und Organisationen unter den Rubriken »Fundamente des Islam« angeblich unverfälscht dargestellt und zurückerobert haben, kann zur Zeit nicht abschließend beantwortet werden.

Auch die Idee der islamischen *religiösen Wiederbelebung (Al-Ihya Al-Islami)* hat einen klassischen Vorläufer – das Hauptwerk des bedeutendsten klassischen islamischen Theologen Al-Ghazali (gestorben 1111) mit dem Titel: *Die Wiederbelebung der religiösen Wissenschaften*. Wichtiger jedoch ist der Verweis auf die gegenwärtigen Praktiken nicht nur der Islamisten selbst, sondern ebenso ihrer arabischen Kritiker sowie ihrer Verteidiger. Die Schrift über die islamische religiöse Wiederbelebung zum Beispiel, die in einer der Dschihad-Untergruppen in Ägypten zirkulierte, spricht vom »Phänomen der islamischen religiösen Wiederbelebung«, der »Islamischen Bewegung von Wiederbelebung und Erneuerung«, dem »Phänomen der Auferstehung« *(Zahira Inbiathiyya)* und dem »Ruf nach Erneuerung und Wiederbelebung durch eine Rückkehr zu den Fundamenten der Umma« (D 2, 199–243).

Außerdem teilen alle aktiven islamistischen Gruppen die Überzeugung, daß sie nicht nur zu den Grundlagen des Islam zurückkehren, sondern diese nach einer langen Zeit des »Winterschlafs« erneut beleben.

Sie behaupten darüber hinaus, daß durch genau diesen Vorgang den Herzen und Gemütern der dahinschlafenden islamischen Massen die Fundamente des Islam wieder eingeimpft würden. Auf diese Art wollen sie gleichzeitig das Individuum und die islamische Gemeinschaft *(Umma)* wiederbeleben und ihnen zu neuen Kräften verhelfen. Nach der Überzeugung aller dieser Organisationen ist ohne eine solche Wiederbelebung keine individuelle oder kollektive Erlösung möglich.

Das fehlende Gebot[16] heißt die zentrale theoretische Schrift jener Organisation, der die Mörder von Präsident Sadat entstammen. Nicht nur die Rückkehr zu einer der vernachlässigten Grundlagen des Islam, der Pflicht zum *Dschihad*, ist Programm des Buches, sondern dessen praktische Wiederbelebung nach einer langen Zeit des Vergessens (vgl. D 1, 127–147).

Das Phänomen der plötzlichen religiösen Bekehrung und das gleichzeitige Gefühl des Wiedergeborenseins, das seit jeher die moderne protestantische religiöse Erweckung kennzeichnete, ist auch den Islamisten keineswegs fremd. Hasan Hanafi beschreibt in seinem Buch *Die islamischen Bewegungen in Ägypten,* wie junge Männer, die mit islamistischen Organisationen in Kontakt stehen, angesichts ihrer Sünden, ihres Verstricktseins in das Treiben einer gottlosen Gesellschaft und angesichts der Vernachlässigung der religiösen Grundpflicht des Dschihad plötzlich »Furcht und Zittern« überkommt. Sie erleben eine plötzliche Bekehrung, »so wie es Sufis

---

16 Al-Farida Al-Gha'iba, *The Neglected Duty: the Creed of Sadat's Assassins and Islamic Resurgence in the Middle East,* New York 1986, S. 159–234.

(Mystikern) geschieht, wenn sie durch eine zufällige Begebenheit, durch einen Scheich, eine unbekannte Stimme oder eine Vision des Herzens berufen werden«[17]. Auf diese Art erfahren junge Menschen »eine Art von plötzlichem Wechsel, der sie völlig unvermittelt von einem Bewußtseinszustand in einen anderen bringt: von der Korruption zur Reinheit, vom Unglauben *(Kufr)* zum Glauben, von der Gottlosigkeit *(Dschahiliyya)* zum Islam«[18].

Auch die messianischen und chiliastischen Momente, von denen solche Erweckungs-Erfahrungen gewöhnlich begleitet sind, fehlen nicht. Sie werden in Hanafis Buch beschrieben als erhoffte zeitliche und ewige Erlösung der Umma und des Individuums durch die Hände »eines Heilands, Mahdis oder Reformators«[19]. Eine islamistische Schrift betont nachdrücklich, wie diese Wiedergeburts-Erfahrung »einen vollständigen und entschiedenen Bruch des betroffenen Menschen mit seiner Vergangenheit mit sich bringt«, so daß »der Islam zum Maß aller Dinge für ihn« wird (D 2, 226).

Die Islamisten der arabischen Welt wählen ihre Begriffe und Vorstellungen von *Fundamenten* und *Wiederbelebung* sehr sorgfältig aus, um sich deutlich von säkularen Nationalisten und der politischen Linken zu unterscheiden. Gewöhnlich meiden sie Begriffe wie *Nahda/ Renaissance*, *Baath/Wiedergeburt* und *Yakaza/Erwachen*. Im gegenwärtigen politisch-ideologischen Diskurs der arabischen Länder erstreckt sich die erste Phase der theologischen Reform des Islam und der sozio-ökonomischen Modernisierung von den letzten Jahrzehnten des 19. bis hin zu den vierziger Jahren unseres Jahrhunderts. Da die Islamisten diese Phase der arabischen Geschichte ablehnen, ziehen sie es entsprechend vor, von einer islamischen Erneuerung, Wiederentdeckung und Wiederbelebung im Zusammenhang mit der islamischen Renaissance oder *Nahda* zu sprechen.

Die beiden Begriffe *Baath (Wiedergeburt)* und *Ihya (Wiederbelebung)* bedeuten praktisch dasselbe. Beide beziehen ihre unbewußte positive emotionale Aufladung aus den islamischen Lehren über das Jüngste Gericht *(Yawm Al-Baath)* und die Macht Gottes, »die Gebeine, die zu bloßem Staub geworden sind« an diesem Tag zu neuem

---

17 Hanafi, S. 135.
18 Ebd., S. 183.
19 Ebd., S. 136.

Leben zu erwecken. Durch die allgemeine Assoziation mit der in Syrien und im Irak herrschenden Baath-Partei (die obendrein noch von einem Christen gegründet wurde) haben sich die Islamisten für *Ihya (Wiederbelebung)* entschieden. Dagegen ist *Yakaza* die säkulare arabische Variante des Begriffes Erwachen, wie er sich in Nadschib Azuris Buch *Le Reveil de la Nation Arabe* (Paris, 1905) und George Antonius' klassischem Werk *Das arabische Erwachen (Al-Yakaza al-Arabiyya)* (Philadelphia, 1939) findet. Folgerichtig verbreiteten die arabischen Islamisten daher ihre eigene Variante des Begriffs des islamischen Erwachens *As-Sahwa al-Islamiyya* ungeachtet der Tatsache, daß *Yakaza* und *Sahwa* genau dasselbe bedeuten.

Von einiger Wichtigkeit ist an dieser Stelle auch der protestantische Ursprung des Begriffs des religiösen Erwachens, wie er in dem »großen amerikanischen Erwachen« auftaucht, das in den dreißiger und vierziger Jahren des 18. Jahrhunderts von Neu-England ausstrahlte. Auch die spätere Wiederholung dieses Phänomens in den ersten Jahrzehnten des 19. Jahrhunderts – sowohl in Deutschland wie in den USA – ist von Bedeutung. Und nicht unerwähnt bleiben sollte in diesem Kontext, daß die klassischen Theoretiker des modernen arabischen *Yakaza/Erwachens* zumeist einem christlichen Hintergrund entstammten, die in ziemlich engem Kontakt mit den Vorgängen in Europa und den USA standen.

Auch andere terminologische Notbehelfe und begriffliche Ersetzungen wurden von den Islamisten durchgeführt: *Al-Alamiya*, was sich am ehesten mit *Internationalität* übersetzen läßt, anstelle des sozialistischen *Internationalismus (Al-Umamiya)*. Ausgeführt findet man dies in dem anspruchsvollen islamistischen Theorieband, der 1979 in Beirut unter dem Titel: *Die zweite islamische Internationalität (Al-Alamiyya al-Islamiyya ath-Thaniyya)*[20] erschienen ist. Weitere Beispiele sind: *Sturz (Inkilab)* und seine Ableitungen anstelle von *Revolution*; *Protest (Ihtidschadsch)* anstelle des liberalen Begriffs *Opposition (Muarada)*; *Aktion* und *Durchführung* (im Sinne der Ausführung von Befehlen) anstelle der marxistischen *Praxis (Mumarasa)*; *Umma* anstelle von Volksmassen; *Weltkreuzzug (As-*

---

20 Der Autor Muhammad Abul-Kassim Haj Ahmad ist ein islamistischer Intellektueller aus Abu Dhabi.

Salibiyya Al-Alamiyya) anstelle von *Kolonialismus* und *Imperialismus*; *Dschahiliyya* anstelle von *Rückständigkeit, Unterentwicklung und Abhängigkeit* (D 1, 180; D 2, 45, 86, 195) und *Wiederbelebung* und seine Entsprechungen und Ableitungen *(Wiederentdeckung, Erweckung, Rückkehr)* anstelle von *Fortschritt, Entwicklung und Wachstum.* Eine Ermahnung zur Vorsicht ist hier jedoch nötig. Denn diese Ersetzungen geschehen im Kontext eines heftig umkämpften Terrains, das eine Vielzahl von begrifflichen Ausnahmen und ideologischen Behelfsausdrücken zuläßt. Doch trotz all dieser begrifflichen Kniffe bleibt die gegenwärtige Diskussion der Islamisten dennoch größtenteils – oftmals zwar spontan und unbewußt – den typischen Begriffen, Vorstellungen, Analysen etc. verhaftet, die arabisches Denken sowie kulturelles und intellektuelles Leben während der vergangenen, mehr nationalistischen, säkularen und politisch links orientierten Jahrzehnte beherrscht haben.

Auch im Lichte dieser Begriffsdebatte scheint es mir durchaus angemessen und richtig zu sein, die zeitgenössischen islamistischen Bewegungen unter dem Begriff *Wiederbelebung* (im engeren Sinne des Wortes) zusammenzufassen. In der Tat, was fehlt denn noch, um wissenschaftlich guten Gewissens solche Bewegungen unter dem Begriff *Wiederbelebung* zusammenzufassen? Allerdings muß auch in diesem Falle die Frage, was es denn *genau* ist, was diese Gruppen und Vereinigungen wiederbeleben wollen, offengelassen werden.

Eine letzte Überlegung betrifft den verwandten Begriff *Islamisten* *(Al-Islamiyyun)* und seine Anwendung. Dabei bin ich mir ernsthafter Einwände bezüglich seines Gebrauchs weder von seiten der Fundamentalisten selbst noch von seiten ihrer Kritiker oder ihrer Verteidiger und Apologeten in der arabischen Welt bewußt. Der Begriff hilft, den militanten »wahren Gläubigen« und wiedergeborenen Muslim von der großen Masse der Muslime zu unterscheiden, die ihre Religion als selbstverständlich hinnehmen und den Islam als eine Art von *Aqa' id* und *Ibadat* (Glaubensinhalten und Formen des Gottesdienstes) sowie als überlieferten ethischen Verhaltenskodex begreifen. Mit anderen Worten: Der Unterschied wird deutlich zwischen jemandem, der Fundamente hat (wie es bei Muslimen sicherlich der Fall ist), und jemandem, der Fundamentalist ist. Natürlich spricht für den Begriff *Islamist* auch noch der klassische Präzedenzfall der *Maqalat al-Islamiyyin* (Die Thesen der Islamisten) von Al-Aschari (874–935). Dies erhält noch besondere Bedeutung, wenn man bedenkt, daß Ibn Taymiya (1263–1328) – jener Theologe, auf dessen Lehren und Texte die Islamisten meist aufbauen – sich wiederum sehr ausführlich auf das Werk von Al-Aschari bezieht und voll des Lobes für dessen strenge Rechtgläubigkeit, Traditionstreue und Frömmigkeit ist.

Für die Verwendung des Begriffs spricht weiter, daß auch prominente islamistische Führer wie Hasan At-Turabi aus dem Sudan (heute Chef der das Land regierenden militärisch-fundamentalistischen Junta) oder bedeutende Propagandisten wie Rida Idriss[21] ihn sehr freizügig gebrauchen, um zweierlei zu erreichen. Zum einen benutzen sie ihn, um sich selbst, ihre Anhänger und Bewegungen von der großen Mehrheit der gewöhnlichen Muslime abzusondern, zum anderen, um politisch aktive Menschen wie Sozialisten, Nationalisten, Säkularisten und Liberale als zwar dem Namen nach wie auch soziologisch, kulturell oder privat als Muslime bezeichnen zu können, aber auf keinen Fall als Islamisten.

IV.

Zur Unterstützung und Illustration meiner Hauptthese möchte ich auf einer sehr gegenständlichen, vergleichenden Ebene ein besonders aufschlußreiches Beispiel anführen: die seinerzeit wichtigste Schrift des christlichen Fundamentalismus: *Der Syllabus moderner Irrlehren*[22], der 1864 von Papst Pius IX. herausgegeben wurde (aber freilich

---

21 Herausgeber des in Paris erscheinenden islamistischen Journals *Al-Insan (Menschheit)*, veröffentlicht von AMANE editions (auf Arabisch). Der zweite Band vom August 1990 ist der Zusammenfassung und dem Rückblick auf jene Schriften gewidmet, die bei einem islamistischen Symposium mit dem Thema: »Die Probleme der islamischen Zukunft« vorgelegt wurden. Das Symposium wurde vom 4. bis zum 7. Mai 1990 in London abgehalten. Siehe Vorwort von Rida Idriss, S. 5–11 und Turabis Intervention: »Die Prioritäten der islamistischen Entwicklung in den kommenden drei Jahrzehnten«, S. 11–15.

22 Benutzt wurde die amerikanische Originalausgabe des *Syllabus: The Encyclical of Pope Pius IX. Given at Rome, December 8, 1864, and the Syllabus of Errors Condemned*, Baltimore 1870, 3. Aufl. Übersichtlicher ist »The Syllabus of the Principal Errors of our Times« (aber ohne einführende Enzyklika), in: *Documents in the Political History of European Continent*, ausgewählt und hg. v. G. A. Kertesz, Oxford 1968, S. 223–241.

bereits etliche Jahre zuvor in einer Vorbereitungs- und Entwurfsphase war).

Bei allen angeführten Vergleichen werde ich mich vorrangig auf die Dokumente und Schriften der militanten ägyptischen Islamisten beziehen, die von Rifaat Sayyed Ahmad zusammengestellt und herausgegeben wurden. Zum einen, weil ihre Inhalte von westlichen Spezialisten, Beobachtern und Kommentatoren zu wenig genutzt werden; hauptsächlich aber, weil sie die Ideen und Lehren, Analysen und Pläne, die Kritik und das Urteil, ja die Geistesverfassung der Islamisten insgesamt in ihrer unverfälschtesten und reinsten Form vermitteln. Da diese Dokumente und Schriften weder für eine allgemeine Veröffentlichung noch für eine unkontrolliert große Verbreitung, sondern ausschließlich zum internen Gebrauch (zur Rekrutierung und Schulung von Mitgliedern, für ideologische Einheit und Selbstaufklärung usw.) der Islamisten selbst gedacht waren, sind sie von entwaffnender Offenheit bezüglich ihrer Radikalität und Authentizität, an der es all jenen Materialien, die für Augen und Ohren einer großen Öffentlichkeit gedacht sind, naturgemäß mangelt.

Dies wird am deutlichsten in den scharfen Polemiken der Islamisten gegen die Außenwelt, gegen das engere soziokulturelle Umfeld, aber auch gegeneinander. Das bereits erwähnte Buch *Das fehlende Gebot* (gemeint ist die Pflicht des Muslims zum Dschihad) enthält nicht nur detaillierte Widerlegungen, Kritiken und negative Beweisführungen bezüglich der Thesen und Methoden aller anderen islamistischen Gruppen und Organisationen, die derzeit in Ägypten aktiv sind, sondern polemisiert darüber hinaus gegen jede von ihnen. Auch die Niederschriften des Prozesses gegen die Mörder von Präsident Sadat haben ähnliche Qualitäten, wenn man davon ausgeht, daß die Angeklagten – wohl wissend, daß sie bereits so gut wie verurteilt waren und daher weder etwas zu fürchten noch zu verlieren hatten – unverrückbar und im Gefühl der absoluten Richtigkeit und des letztendlichen Triumphes ihre Meinungen und Überzeugungen mit äußerster Offenheit ausgesprochen haben.[23]

---

23 Bezüglich einer Niederschrift des Gerichtsverfahrens gegen den Anführer der Mörder Präsident Sadats, Khaled Al-Islambuli, siehe Rifaat Sayyed Ahmad, *Al-Islambuli: Eine neue Sicht der Dschihad-Organisation (Al-Islambuli: Ru'ya Dschadida li-Nizam Al-Dschihad)*, Kairo 1988. Siehe auch – vom gleichen Autor – *Warum*

Zum Vergleich möchte ich Lehren und Predigten des heute exkommunizierten Erzbischofs Marcel Lefebvre, des Wortführers der seit 1970 bekanntesten fundamentalistisch römisch-katholischen Dissidenten-Bewegung in Europa und den Vereinigten Staaten, heranziehen. Energisch bekämpfte Lefebvre Papsttum und Kirche, Theologie und Klerus des Zweiten Vatikanischen Konzils von 1962 und danach. Lefebvres Lehren, Ansichten und Kritiken sind heute für den Leser in Form zweier Bücher erhältlich, deren Titel für sich sprechen: *They Have Uncrowned Him: From Liberalism to Apostasy. The Conciliar Tragedy*[24] und *Archbishop Lefebvre and the Vatican: 1987–1988*[25].

Als Sammlung der 80 Häresien, die von den Führungsgremien der römisch-katholischen Kirche verdammt wurden, lehnt sich der *Syllabus* bezeichnenderweise eng an jenen Kreuzzug an, den der frühe Papst Epiphanius aus Constantia (Zypern) gegen die 80, dem heidnischen Geiste verpflichteten Irrlehren führte, die er als Verpestung der Kirche in den ersten drei Jahrhunderten ihrer Entstehung ausgemacht hatte. Epiphanius reagierte besonders heftig gegen das Vermächtnis von Origenes und die Durchdringung der Kirche durch die griechisch-römische Kultur, die zu allen Arten von »schmerzlichen Fehlern und verwerflichen Irrlehren« führte. Die bekannteste unter ihnen war der Arianismus (Lehre des Arius aus dem 4. Jahrhundert, derzufolge Christus mit Gott nicht wesenseins, sondern nur wesensähnlich ist). Man sollte in diesem Zusammenhang im Auge behalten, daß der *Syllabus* auf ähnliche Weise ein Ergebnis des heftigen Kampfes von Pius gegen die erneute Verderbnis bringende Durchdringung der Kirche durch die heidnische Kultur der europäischen Moderne war, die zur erneuten Verbreitung von 80 »schwerwiegendsten Irrlehren, verderblichsten Häresien und unmoralischsten Neuerungen«, die die Existenz des zeitgenössischen Christentums bedrohten, führte.

Wie man weiß, hat die Veröffentlichung des *Syllabus* die heftigsten Debatten und Polemiken in Europa ausgelöst. Tatsächlich begriff

---

    haben sie Sadat ermordet? Die Geschichte der Dschihad Organization: Eine Studie und politische Dokumente von Khaled Al-Islambuli und Abbud Al-Zumur (Limadha Qatalu As-Sadat? Qissa Tanzim Al-Dschihad: Dirasa wa Watha'iq Al-Fikr As-Siyasi), Kairo 1986.

24 Texas, 2. Aufl. 1988. Künftig werde ich mich im Text auf dieses Buch mit dem Buchstaben (U) sowie der nachfolgenden Seitenangabe beziehen.

25 Ausgewählt und hg. v. Father François Laisney, Texas 1989.

ihn das liberale Europa als Kriegserklärung der katholischen Kirche gegen eine moderne Gesellschaft und Zivilisation. Besonders im Deutschland Bismarcks führte dies zu einem verstärkten allgemeinen *Kulturkampf* gegen das Papsttum.

Das Erste Vatikanische Konzil von 1870 hatte den *Syllabus* – zusammen mit der einleitenden Enzyklika, den verschiedenen Konsistorialansprachen, den Apostolischen Rundbriefen, auf die er sich gründet und bezieht, sowie der Verfassungslehre *Paster Aeternus (Der Ewige Hirte)* – bekanntgegeben, um »die überaus schweren Irrlehren und Häresien sowie die verderblichen Ideen von Neuerern zurückzuweisen und im allgemeinen wie im besonderen zu verdammen«. Zu den Irrlehren zählen: Materialismus und Rationalismus, Naturalismus und Pantheismus, Säkularismus und Kommunismus, Sozialismus und Liberalismus, Amerikanismus und Neutralismus, Modernismus und Pietismus, Demokratie und Gewissensfreiheit, der Kult religiöser Toleranz, die Prinzipien von ziviler und religiöser Freiheit, die Trennung von Kirche und Staat, die standesamtliche Trauung und die bekenntnisfreie Erziehung. Einige dieser gebrandmarkten Irrlehren sind erklärungsbedürftig.

Der Gedanke weitreichender *religiöser Toleranz* bezieht sich auf die Reformbewegung innerhalb der Englischen Kirche, für die die Texte der Heiligen Schriften einen großen Interpretationsspielraum zulassen – im Gegensatz zur reinen Autorität der Tradition. Die innerkirchliche Debatte über den *Amerikanismus* bezieht sich auf Bischöfe und Priester in Europa und den Vereinigten Staaten, die glühende Verfechter von verfassungsmäßig garantierten zivilen und religiösen Freiheiten waren. Die katholische Kirche der Vereinigten Staaten diente ihnen als Modell, demzufolge die Beziehungen der Kirche in Europa angesichts neuer Entwicklungen wie eines säkularen Staatsverständnisses, demokratischer Regierungsformen, eines rapiden wissenschaftlichen Fortschritts, neuer und kritischer Wissenschaftsmethoden im Umgang mit den heiligen Schriften und der Geschichte des Christentums bestimmt werden sollten. Obwohl der *Syllabus* den Amerikanismus nicht explizit beim Namen nannte, verurteilte er ihn jedoch in seiner Substanz. Erst Leo XIII. erklärte den Amerikanismus 1899 als »Synthese zeitgenössischer Irrtümer« zur Häresie. Von der katholisch-fundamentalistischen Gegenbewegung wurde den Amerikanisten vorgeworfen, den Glauben zu untergraben und durch »Verbindung von Katholizismus und Demokratie«, durch Unterstützung von »Liberalen und Evolutionisten«, durch »ständiges Reden von Freiheit«, durch »Achtung der Eigenverantwortung des Individuums und dessen natürlicher Tugenden« sowie durch »ihre Sympathie für unser Zeitalter« die Autorität der Kirche zu schwächen.

Für den *Neutralismus* sind alle Religionen, Bekenntnisse und Sekten vor dem Staat gleich und – außer für die jeweiligen Anhänger – auch gleich in ihrer Gültigkeit und Wahrheit.

Der *Pietismus* faßt im allgemeinen diejenigen, die Religion für eine rein private Angelegenheit ansehen, und im besonderen jene, die ihren Gehalt ausschließlich als innerliche und persönliche Herzensangelegenheit begreifen, wobei belanglos ist, ob ihr Glaube Folgen für die äußere Welt zeitigt oder nicht.

Der angefeindete *Modernismus* ist ein Teilaspekt dessen, was man gewöhnlich »die moderne Krise in der katholischen Kirche« nennt. Sie umfaßt die Amtszeiten der Päpste Pius IX., Leo XIII. und Pius X. Im wesentlichen ist sie ein Phänomen des 19. Jahrhunderts (unter der Annahme, daß das 19. Jahrhundert in Europa erst 1914 endete). Diese Krise ist entstanden aus dem Frontalangriff der Kirche gegen Europas mächtigste säkulare Staaten (im besonderen Italien und Deutschland), dem Konflikt zwischen katholischer Lehre und moderner Wissenschaft (besonders dem Darwinismus und der wissenschaftlichen Bibelkritik) und dem bis heute unversöhnten Widerspruch zwischen Religion und säkularer moderner Kultur. 1907 erreichte diese Krise ihren Höhepunkt, als Pius X. den Modernismus nicht nur als eine Häresie, sondern als »die Synthese aller Häresien« brandmarkte. Er bezichtigte die Modernisten als »treue Kinder und Erben der vorangegangenen Häresien« und Vollstrecker einer »wohlüberlegten Verschwörung, um die Kirche zu zerstören«. Das Waffenarsenal, das die kirchlichen Fundamentalisten gegen die genannten Irrtümer, Neuerungen und Häresien der Moderne (in Ergänzung zum *Syllabus*) bereithielten, beinhaltete die Erhebung der Lehre von der unbefleckten Empfängnis sowie der päpstlichen Oberherrschaft und Unfehlbarkeit in den Stand offizieller römisch-katholischer Dogmen (Erstes Vatikanisches Konzil von 1870) und – wie schon erwähnt – die spätere explizite Verdammung der beiden Über-Häresien Amerikanismus und Modernismus.

Obwohl wir mit Sicherheit annehmen dürfen, daß die Fundamentalisten der arabischen Welt – von ihrem Vordenker Sayyid Qutb bis zu den Mördern von Präsident Sadat, wie auch die große Mehrheit der Muslimbrüder – weder vom *Syllabus der Irrtümer* gehört haben, noch je einen Gedanken an Pius IX. oder einen anderen Papst verwandt haben, enthalten ihre Schriften, Bücher und Manifeste eine nicht weniger scharfe Verurteilung genau derselben Irrtümer, Häresien und *Bida (Neuerungen)* der Moderne, wie man sie im *Syllabus* findet.

Auch der klassische Islam kennt seine Origenes-Figur. Und ebenso verurteilte der islamische Epiphanius die Durchdringung von islamischer Theologie und Gelehrsamkeit durch die Lehren heidnischer und christianisierter Griechen bzw. durch die hellenistische Kultur der Antike insgesamt. Al-Ghazali setzte deshalb – allerdings ohne sich dessen bewußt zu sein – den alten Kampf des Epiphanius gewissermaßen fort. Er verfaßte seinen eigenen *Syllabus* der 20 Kardinal-Irrlehren, die von den graecophilen Philosophen des Islam (zum Beispiel Al-Kindi, Al-Farabi und Avicenna) begangen wurden. Das berühmte Werk heißt folgerichtig: *Die Inkohärenz der Philosophen (Tahafut At-Tahafut)*. 17 dieser Irrtümer wurden von Al-Ghazali als häretische *Bida (Neuerungen)* aufgeführt, während er die übrigen drei der Sphäre des vollständigen Glaubensabfalls *(Kufr)* zurechnete.[26]

Die heutigen radikalen Islamisten verdammen weit heftiger und lautstarker als der *Syllabus der Irrlehren* die Kultur, Zivilisation und Gesellschaft des 20. Jahrhunderts als heidnisch, glaubensabtrünnig, gottlos und ungläubig. So lautet ihre Lehre von der *Dschahiliyya (vorislamisches Heidentum)* des 20. Jahrhunderts, wie sie als erster der indische Theologe, Theoretiker und Muslimaktivist Maududi

---

26 Die drei Irrtümer sind: (1) die Annahme, daß die Allwissenheit Gottes nur das Allgemeine, nicht aber das Besondere umfasse (i. e.: Er weiß zwar, was Zahnschmerzen ihrer Natur nach sind, ist aber unfähig, sie selbst zu erfahren), (2) die Annahme, daß am Tag des Jüngsten Gerichts die Seelen und nicht auch die Körper gerichtet, bestraft oder belohnt werden (i. e.: Es gibt keine Auferstehung), und (3) die Annahme, daß die Welt ewig sei. Alle drei Häresien sind philosophisch griechisch-heidnischen Ursprungs.

formuliert hatte und später in der arabischen Welt von Sayyid Qutb und seinem Bruder Muhammad Qutb ausgearbeitet und verbreitet wurde – besonders in dem umfangreichen Buch: *Die Dschahiliyya des Zwanzigsten Jahrhunderts*[27]. Erst vor wenigen Jahren veröffentlichte ein Richter zu diesem Thema einen weiteren Band mit dem Titel: *Einführung in die Rechtswissenschaft der Zeitgenössischen Dschahiliyya*[28]. Fahmi Huweidy verfaßte darauf eine Replik, die in Form von drei Artikeln in der renommiertesten ägyptischen Tageszeitung *Al-Ahram*[29] erschien. In den beiden genannten Büchern wird das 20. Jahrhundert schlicht zum Zeitalter des Heidentums, der Gottlosigkeit, des Götzendienstes und falschen Glaubens erklärt – gefährlicher, finsterer und bedrohlicher für Gottes wahre Religion als die frühere *Dschahiliyya*, mit der der Islam konfrontiert war und über die er schließlich triumphierte. Die tunesischen Islamisten ziehen in der folgenden Erklärung eine direkte Verbindungslinie zwischen moderner und alter *Dschahiliyya*:

»Wenn in den Zeiten der Rückständigkeit die Despoten sich hinter den Götzen von Al-Lat, Manat, Hubal und Baal [den vorislamischen Gottheiten Arabiens] versteckten, dann sind Freiheit, Demokratie, Gleichheit, Nationalismus, Humanismus und Fortschrittsglaube die modernen Götzen, hinter denen die [heutigen] Despoten die Schwärze ihrer Seelen und die Verwerflichkeit ihrer Taten verbergen.«[30]

In seinem *Sendschreiben des Glaubens* bezeichnet Saleh Sirriya Nationalismus und Patriotismus als Spielarten dieses Rückschritts in das vorislamische Zeitalter von Heidentum und *Dschahiliyya* (D 1, 44). In diesem Sinne beschreibt ein islamistisches Manifest von 1987 unter dem Titel: *Die Philosophie der Konfrontation* (wahrscheinlich ein Wortspiel bzw. ausgehend von Präsident Nassers berühmter Streitschrift *Die Philosophie der Revolution*, 1955) die dieser Geisteshaltung entsprechenden Ziele der Militanten in eindeutiger Weise:

---

27 *Dschiliya Al-Qarn Al-Aischrin*, Kairo 1964.
28 Richter Abdul Dschawad Yasin, *Muqqadimah fi Fiqh Al-Jahiliyyah Al-Muasirah*, Kairo 1986.
29 5., 12. und 19. 8. 1986.
30 Abdel-Latif Al-Hermasi, *Die islamischen Bewegungen in Tunesien (Al-Haraka Al-Islamiya fi Tunis)*, Tunis 1985, S. 111.

»Wir möchten dem modernen Heidentum und dem modernen Götzendienst, die sich in unseren Ländern und in den meisten Ländern der Islamisten [Al-Islamiyyin] als Nachahmung des gottlosen und heidnischen Europas verbreitet haben, den Krieg erklären – wie unsere Vorfahren gegen das alte Heidentum und die alte Götzendienerei gekämpft haben.« (D 2, 296)

Offensichtlich begreifen die Islamisten sehr gut (und scheinbar besser als etliche westliche Experten), daß das, was mit ihren Ländern und Gesellschaften geschieht, eine Ausdehnung dessen ist, was sich in europäischen Gesellschaften bzw. im Westen bereits vollzogen hat.

Ich möchte an dieser Stelle betonen, daß sich der erste Abschnitt des *Syllabus* von 1870 der Brandmarkung exakt derselben schädlichen Irrlehren widmet, die da sind: Der Atheismus des 19. Jahrhunderts, wie er in der gotteslästerlichen Behauptung zum Ausdruck kommt, es gäbe »keine göttliche Macht, kein Oberstes Wesen (...) und keine göttliche Vorhersehung – unabhängig vom Universum«. Jener heidnische Atheismus, wie er sich in den beiden häufigsten Erscheinungsformen »Naturalismus und Pantheismus« darstellt, sowie jene Götzendienerei, welche die menschliche Vernunft zum höchsten Fetisch (im *Syllabus* wird sie »absoluter Rationalismus« genannt) erhebt und die in der verwerflichen Selbstüberhebung gipfelt: »Vernunft ist das Maß aller Dinge, durch die der Mensch jegliche Erkenntnis erreichen kann und erreichen wird.«

Shukri Mustafa, Führer einer der radikalsten islamistischen Organisationen – in Ägypten bekannt unter *Takfir wa Hidschra* –, bezeichnete die »moderne Zivilisation« als »Haupt-Götzen, der heute anstelle von Gott auf Erden vergöttert wird« (D 2, 119). In der Konsequenz hat jeder Mensch nur die Wahl, entweder dem einen oder dem anderen zu dienen – nicht aber beiden (D 2, 120). Tatsächlich rief Shukri Mustafa – wie der *Syllabus* – sowohl zu einem institutionellen Krieg wie auch zu einem *Kulturkampf* gegen Modernisierung und Moderne auf. Wenn die Islamisten die Moderne für noch verderblicher halten, als die vergleichbaren Katholiken es taten, so schlicht deshalb, weil diese moderne Zivilisation – im Gegensatz zu Europa und dem Christentum – den Verteidigern des Islam als völlig fremd erschien.

Oberster Verfechter von Gültigkeit und Bedeutung des *Syllabus der Irrlehren* ist heute Monsignore Lefebvre. Uneingeschränkt macht er sich jede seiner Verdammungen zu eigen. Die von Lefebvre bevorzugten und am meisten zitierten Päpste sind selbstverständlich Pius IX., Leo XIII. und Pius X. (die Bruderschaft, der er vorsteht, trägt den Namen *Priestergemeinschaft des Heiligen Pius X.*). Er verurteilt das Papsttum des Zweiten Vatikanischen Konzils, weil es das genaue Gegenteil von dem verkörpert, wofür der *Syllabus* steht, und weil es jenen Kräften des Bösen nachgab, gegen die die von ihm bevorzugten Päpste gekämpft hatten, um Kirche und Christentum zu schützen. Auf drei Ebenen verbindet Lefebvre die Moderne mit dem Heidentum der Antike:

Erstens: Durch Verbreitung der Lehre, unser Jahrhundert sei das Zeitalter der *Dschahiliyya*. Bei Lefebvre klingt das so:

»Von der Gewißheit durchdrungen zu sein, in einer Zeit des Abfalls vom Glauben zu leben, hat nichts Erhebendes. Lasset uns dennoch stets bedenken, daß alle Zeiten und alle Jahrhunderte unsrem Herrn Jesus Christus gehören...Auch dieses Jahrhundert des Abfalls vom Glauben gehört, wenn auch zweifellos auf andere Art und Weise als die Jahrhunderte des Glaubens, Jesus Christus. Auch bedenket: Der Glaubensabfall der vielen unterstreicht die heldenhafte Treue der wenigen...« (U, XVII).

Zweitens: Durch die Mahnung, sich das Beispiel der aus dem 4. Jahrhundert stammenden (und zutiefst heidnischen) Häresie des alexandrinischen Arianismus ins Gedächtnis zu rufen, die ihre Wurzeln der Tradition Origenes' und den Lehren der hellenistischen Philosophie jener Zeit verdankt.[31] Auf diese Weise greift Lefebvre die Kirche des Konzils mit denselben historischen Verweisen an, wie sie die vorher zitierten tunesischen Fundamentalisten verwenden:

»Und siehe da! Statt die Göttlichkeit unseres Herren Jesus Christus zu verherrlichen, wurde ein Pantheon aller Religionen eingerichtet! Genau wie einst die heidnischen Kaiser von Rom ein solches Pantheon der Religionen schufen, so sind es heute die Autoritäten der Kirche in Rom, die dies tun!«[32]

Gleichzeitig bringen ihn seine Gefolgsleute absichtlich in enge

---

31 *Lefebvre and the Vatican*, S. 250–251.
32 Ebd., S. 15.

Beziehung zu Bischof Athanasius, »der – in einer Zeit ähnlich grenzenloser Blindheit gegenüber der Häresie (Arianismus) – einer der wenigen Bischöfe war, die sich mit Macht der Politik von Papst Liberius, der die Häresie bevorzugte, widersetzten (...)«[33].

Drittens: Er sieht die Ursprünge der *Dschahiliyya* von europäischer Moderne und Kultur im »protestantischen Naturalismus und der Renaissance« (via Französische Revolution), von wo aus er die Spuren bis zum antiken Heidentum zurückverfolgt (U, 3–11). Sogar die Sixtinische Kapelle entgeht dabei der Kritik Lefebvres nicht:

»Unter dem Vorzeichen der Kunst beschloß man dann überall – sogar in den Kirchen – den Nudismus, und wir dürfen ohne jede Übertreibung von Nudismus reden, einzuführen, der in der Sixtinischen Kapelle triumphiert. Wenn man die Angelegenheit vom Standpunkt der Kunst betrachtet, haben diese Werke zweifellos ihren Wert. Leider aber verkörpern sie jenseits davon einen sinnlichen Aspekt der Erhöhung des Fleisches. Und das ist den Lehren des Evangeliums diametral entgegengesetzt: ›Denn das Fleisch begehrt heftig gegen den Geist auf‹, verkündet der Heilige Paulus, ›und der Geist kämpft gegen das Fleisch.‹« (U, 4)

Jeder Islamist könnte hier bedenkenlos zustimmen, auch wenn er natürlich seinen eigenen heiligen Vers gegen Nacktheit und Erhöhung des Fleisches zitiert wissen möchte.

Ein weiteres Beispiel verdeutlicht die von mir vorgeschlagene Austauschbarkeit: Man nehme den letzten Punkt des *Syllabus*, der folgende Neuerung verdammt: »Der römische Pontifex sollte und kann sich versöhnen mit Fortschritt, Liberalismus und Zivilisation, wie sie jüngst eingeführt wurden.« Man übersetzt nun diese Aussage ins islamistische Idiom, indem man einfach »römischen Pontifex« durch »Rektor von Al-Azhar« oder schlicht »Al-Azhar« austauscht. Man erhält dann genau das, was Shukri Mustafa und seine Gesinnungsgenossen verdammt haben und worüber sie in ihren Schriften und Reden hergefallen sind. Alle Islamisten greifen in der Tat Al-Azhar an und bezichtigen ihre Führerschaft und ihre Elite, im Laufe der Jahre genau jenen Kräften und Einflüssen nachgegeben zu haben, die Papst Pius IX. in Schach zu halten versuchte. Innerhalb dieser Logik

---

33 Ebd., S. 234.

rechtfertigte auch Shukri Mustafa vor dem Gerichtshof, warum seine Organisation den ehrwürdigen Scheich Al-Zahabi von Al-Azhar – gleichzeitig Minister für die *religiösen Stiftungen* – wegen *Kufr* (Abfall vom bzw. Untreue gegen den Glauben) verdammte und seine Entführung und Hinrichtung geplant habe. Er verwies dabei auf den Umstand, daß das Opfer erst »für das Ministerium der frommen Stiftungen arbeitete, dann sein Minister wurde und somit schließlich verantwortlich ist für die Moscheen des Unheils und des Unglaubens« (gemeint sind die ägyptischen Moscheen generell). »Außerdem gelobte er durch seinen ministeriellen Eid«, fuhr der Angeklagte fort, »in Übereinstimmung mit anderen Grundsätzen als jenen, die Gott befohlen hat, sein Amt auszuüben. Und dies hat er in vollstem Wissen seiner Verpflichtung gegen das getan, was Gott befohlen hat.« (D 1, 103)

Widmen wir uns nochmals Punkt 13 des *Syllabus*, der die Auffassung verdammt: »Die Methoden und Prinzipien, durch welche die alten Scholastiker die Theologie zum Blühen gebracht haben, sind den Forderungen der Zeit und dem Fortschritt des Wissens nicht länger angemessen.« Man übersetze diesen Satz ins islamische Idiom, indem man *Scholastiker* durch *Fuqaha* oder *Imame* ersetzt. Als Ergebnis erhält man genau jene Aussage, wie sie auch von Shukri Mustafa und seinesgleichen heftig angegriffen wird.

Im folgenden möchte ich in einigermaßen freier Übersetzung ebenso typische wie extreme Haltungen anführen, wie sie von Shukri Mustafa im Zusammenhang mit der Vergötterung der menschlichen Vernunft, ihrer Überlegenheit und Anmaßung – besonders in der heute verbreitetsten Form: der modernen wissenschaftlichen Vernunft – übernommen wurden:

1. »Wer da glaubt, daß die Verantwortlichkeiten beim Aufbau einer modernen Gesellschaft nicht im Gegensatz zu den Geboten der Gottesverehrung stehen und wer da glaubt, daß es den westlichen Wissenschaftlern und Zivilisations-Architekten möglich ist, gleichzeitig auch gehorsame Diener Gottes zu sein, legt einfach nur Zeugnis seiner eigenen Schamlosigkeit und Anmaßung ab. Denn sie (die westlichen Wissenschaftler) sind jene, die das Jenseits zugunsten dieser Welt vergessen haben.« (D 2, 120)

2. »Könnten der Prophet Muhammad und seine Gefährten – die

Einsiedler der Nacht und Ritter des Tages im Dienste Gottes – wirklich auch Physiker und Mathematiker, Pioniere der Raumfahrt und Bildner der modernen Gesellschaft sein?« (D 2, 120)

3. »13 Jahre lehrte der Prophet Allahs die Mekkaner Muslime den Islam. Nichts als den Islam. Weder Astronomie noch Mathematik, weder Physik noch Philosophie. Wo sind die Betrüger, die da behaupten, der Islam könne nicht zur Geltung kommen, solange er nicht bei den europäischen Wissenschaften in die Schule geht?« (D 2, 122)

4. »Das Wissen, das Gott für uns bestimmte, damit wir unsere Grenzen nicht überschreiten – um Seine gehorsamen Diener zu bleiben –, und das Wissen, das der Prophet jedem Muslim befohlen hat – um Gott zu verherrlichen –, ist einzig das Wissen um das Jenseits. Und nichts sonst.« (D 2, 124)

5. »Was die Frage der Wissenschaft (der Erkenntnis) angeht, so bleibt mir zu sagen, daß derjenige Teil der Menschheit, der in die Irre geht und Gott zerstört, sich mit nichts anderem brüstet als mit seiner Wissenschaft. Er konnte sich nur durch die Früchte der Wissenschaft über Gott erheben, die losgelöst war von der alleinigen und ausschließlichen Verehrung Gottes.« (D 2, 96)

Papst Leo XIII. verdammte 1899 den Amerikanismus mit folgenden Argumenten als Häresie – wobei ich die Übersetzung in die Sprache Shukri Mustafas dem Leser überlassen möchte:

»Zu allererst: Alle Bestrebungen, die Lehren der Kirche der modernen Welt anzupassen, sind Irrwege. Denn – wie das Vatikanische Konzil deutlich dargelegt hat – ist der katholische Glaube keine philosophische Theorie, die Menschen ausarbeiten könnten, sondern vielmehr eine göttliche Festsetzung, die nachdrücklich verteidigt und für unfehlbar erklärt werden muß.«[34]

Tatsächlich haben wir es hier mit Beispielen einer einfachen Übertragbarkeit zu tun. Sie zeigen, daß im Kern christlich-fundamentalistische Thesen und Stellungnahmen problemlos und ohne großen Aufwand »islamisiert« werden können, so daß sie dann im Kern islamistisch-fundamentalistische Thesen und Stellungnahmen wiedergeben. Dabei braucht man nur wenige und nicht sehr bedeutende begriffliche Veränderungen und formale Ersetzungen vorzunehmen.

---

34 Lester R. Kurtz, *The Politics of Heresy*, 1986, S. 47.

Dies ist auch der Grund, warum die Liste moderner Abgötter, wie sie im *Syllabus* verdammt und von den tunesischen Islamisten verurteilt werden, sich – mit kleineren Abweichungen und einigen Ergänzungen bzw. Verkürzungen – wie ein endloser Refrain wiederholt.

Zur Verdeutlichung rufe man sich für einen Augenblick Lefebvres scharfe Angriffe gegen folgende Häresien in Erinnerung: 1. Gegen »die Unabhängigkeit der Vernunft und des Wissens vom Glauben« (U, 21). 2. Gegen »die Unabhängigkeit des Menschen von Gott« (U, 24). 3. Gegen »die Entthronung Gottes und Setzen des Menschen an Seine Stelle« (U, 29). 4. Gegen »den Abgott des ›Menschenkultes‹, der in die heiligste Sphäre getragen wurde und sich gebärdet, als wäre er Gott« (U, XVII). 5. Gegen die Liberalen, die »frei von Gott sein wollen und doch nur die Sklaven der irdischen Dinge werden« und die »Gottes Allmacht zurückweisen ... und ein neues Absolutum: Freiheit!« an seiner Stelle aufbauen (U, XII). Und schließlich 6. sein Aufruf an die christlichen Märtyrer, »die erkannt haben, daß nicht der Mensch, sondern Gott an erster Stelle steht, und dem wir einen herausragenden Platz in unserem Leben, in unseren Familien und in unseren Gesellschaften geben müssen...« (U, X-XII). Was wäre noch vonnöten, um auch die islamistische Bewegung ein genuin fundamentalistisches Phänomen zu nennen?

Zwar haben die muslimischen Verfechter der *Dschahiliyya*-Doktrin bis heute keinen einheitlichen Katalog entwickelt, der die Irrtümer, Häresien und verderbten Neuerungen des Zeitalters nach der Art von Al-Ghazalis Index oder analog dem *Syllabus* von Pius detailliert auflistet. Ihre Schriften, Lehren und Manifeste offenbaren jedoch, daß ihrer Meinung nach alle auch noch so schwach ausgebildeten Formen von Säkularismus, Demokratie, ziviler Gesellschaft und des *de facto* vorherrschenden Respekts vor dem Prinzip religiöser Freiheit restlos aus dem Leben der arabischen Gesellschaften zu tilgen seien.

Auch die *Charta der islamischen Tat*[35] tritt für einen Heiligen Krieg (wortwörtlich und nicht nur bildhaft) gegen den Säkularismus ein. Einmal gegen den Säkularismus »als die Forderung nach der Trennung von Staat und Religion«, dann »als Doktrin, Idee und

---

35 »*Safahat min Mithaq Al-Amal Al-Islami.*«

Herrschaftsform«, schließlich als Prinzip »in Gesetzgebung, Regierung, Erziehung und den Informationsmedien« und endlich als Aufruf »zu Sozialismus, Liberalismus, Nationalismus und Kommunismus« (D 1, 173).

Verwiesen sei in diesem Zusammenhang wiederum auf den *Syllabus der Irrlehren*, der in Abschnitt 55 die Forderung in Grund und Boden verdammt, daß »die Kirche vom Staat und der Staat von der Kirche getrennt sein sollte«. Denn die weitreichenden Folgen dieser Trennung sind: Aufhebung der Vorherrschaft des Katholizismus – nicht nur über »einzelne Menschen, sondern über ganze Nationen und Völker sowie deren Herrscher« und »der Ausschluß der Religion aus dem Leben der zivilen Gesellschaft«. Die Ansicht, daß »die Grundausrichtung der öffentlichen Schulen (...) der zivilen Gewalt angehören soll, ja angehören muß...«, die Idee, daß »für die menschlichen Gesetze keinerlei Notwendigkeit besteht, ihre Berechtigung auf Gott zurückzuführen«, die Vorstellung, daß »die Republik Ursprung und Quelle aller Rechte ist...« und ähnliche Gedanken sind »... keineswegs zufrieden mit dem Ausschluß der Religion aus dem öffentlichen Leben (...), sie wollen sie darüber hinaus auch aus den Familien und dem privaten Leben verbannen«.

Genau wie unsere radikalen Islamisten brandmarkt der *Syllabus* seine mannigfaltigen Feinde, weil sie »Freiheit versprechen, während sie selbst Sklaven der Korruption (...) – belebt vom Geiste des Satans – sind« und so »ein Übermaß an Gottlosigkeit erreichen«. So wie sie von einer Verschwörung gegen den Islam reden, spricht auch er von der »schrecklichen Verschwörung unserer Feinde gegen die katholische Kirche« und verdammt die Abschaffung der »kirchlichen Gerichte« (im Falle der Islamisten: die *Scharia*-Gerichte, die in Ägypten von Nasser und schon zuvor von Mustafa Kemal in der Türkei abgeschafft wurden).

Die Islamisten verurteilen die heutigen arabischen Regierungen, weil sie »den Islam nicht als umfassende Lebenshaltung begreifen«, sondern nur als »Handlungen der Anbetung und auf diese Weise die christlichen Staaten nachäffen«, wo »es jedem freisteht, seinen Gott zu verherrlichen oder auch nicht«. Weiterhin erklären sie jene als »Abtrünnige vom Glauben, die im Islam nicht mehr als rituelle Formen der Anbetung erkennen« sowie alle, die »den Islam von den gesellschaftlichen Bezügen trennen und in den Moscheen isolieren wollen, gemäß dem modischen Vorbild, das die westlichen Staaten durch ihren Umgang mit der Kirche gegeben haben. Durch diese Trennung wird der Islam dann gehindert, in die sozialen und ökonomischen Belange wie auch in alle übrigen Lebensbereiche einzudringen. Das gesamte gesellschaftliche Terrain wird damit dem Kommunismus, dem Sozialismus und jüdischen Gesellschaftsvorstellungen wie denen von Freud, Durkheim, Marx und anderen preisgegeben.« (D 1, 40, 41, 45)

Dieser allumfassenden integristisch-religiösen Logik bleiben die Islamisten bis zur letzten Konsequenz treu. Sie versuchen auf diese Weise, eine der bedeutendsten modernen sozio-politischen Errungenschaften der arabischen Staaten (besonders Ägyptens) vollständig zu zerschlagen: Die nationale Einheit zwischen Muslimen und Christen, die im Feuer des antikolonialen Kampfes für Unabhängigkeit geschmiedet und die unter der großen patriotischen Devise: »Die Religion gehört Gott, das Vaterland aber gehört uns allen« vollendet wurde.

Just in diesem Sinne legt Saleh Sirriyas Sendschreiben des Glaubens fest: »Glaubensabtrünniger ist jener, der die Devise ›Die Religion gehört Gott, das Vaterland aber uns allen‹ aufstellt, weil beides, Religion und Vaterland, dem Herren der Schöpfung gehören. Und weil jene, die diesen Leitspruch vertreten, sich nicht einfach nur einer Unterwerfung unter die religiösen Gesetze verweigern, sondern vielmehr sich die Religion unterwerfen wollen.« (D 1, 45)

In ähnlicher Weise greift die Schrift über die Islamische Wiederbelebung dies auf und spricht in sarkastisch-verächtlicher Ablehnung »von jenen Patrioten, die durch den säkularen Patriotismus verwestlicht wurden« (D 2, 214). Die Abhandlung *Das Verhältnis zwischen der Islamischen Bewegung und den Politischen Parteien in Ägypten* greift die Wafd-Partei – Ägyptens klassische bürgerliche Partei, welche die Nation gegen die Kolonialherrschaft anführte – ganz allgemein wegen ihrer säkularistischen Haltung an. Im besonderen allerdings wirft sie ihr vor, das Banner der christlich-islamischen Nationaleinheit Ägyptens unter Devisen wie »die Religion gehört zu Gott, das Vaterland aber uns allen« und »die Umarmung von Halbmond und Kreuz« (D 1, 152) entrollt zu haben.

Interessanterweise wird diese Form der muslimisch-christlichen *Ökumene* von Erzbischof Lefebvre entschiedener als von den Islamisten abgelehnt. Dies kommt vor allem in seinem Angriff gegen die – von ihm so genannte – »Herrschaft des religiösen Neutralismus« zum Ausdruck, wie sie seiner Meinung nach vom Zweiten Vatikanischen Konzil abgesegnet wurde. In ironischer Weise bezeichnet er das Zweite Vatikanische Konzil als Einladung an »Unseren Herrn zu erscheinen und im Konzert mit Luther, Mohammed und Buddha eine Gesellschaft aufzubauen und zu beleben!«. Und dann ergänzt er: »Da wird verkündet: ›Jedem seine Religion!‹ Oder: ›Der Katholizismus ist gut für Katholiken, der Islam aber für Muslime!‹ Dies ist das Motto der Bürger der Stadt des Neutralismus [gemeint ist Rom]. Wie kann man aber erwarten, daß die Menschen anders denken, wenn die Kirche des Zweiten Vatikanischen Konzils sie lehrt, daß fremde Religionen ›nicht ohne Bedeutung und ohne Wert für das Mysterium der Erlösung sind‹? Wie kann man da erwarten, daß sie fremde Religionen auch als fremdartig ansehen, wenn der Staat allen die gleiche Freiheit garantiert?« (U, 210–211)

Jeder weiß, daß unsere Islamisten kompromißlos für die offizielle und unzweideutige Wiedereinführung des Islam als der einen und einzigen Religion in den islamischen Staaten und für das Verbot und die Unterdrückung aller »Ideen, die in Widerspruch zu Gottes Religion und Gesetz stehen (...) wie jene, die zu Atheismus, Verdorbenheit und Neuerung ermuntern...« (D 2, 188) eintreten. Es ist bemerkenswert, daß im Abschnitt 77 des *Syllabus* in ganz ähnlicher Weise die Vorstellung verurteilt wird, nach der »es heute nicht länger zweckmäßig ist, daß die katholische Religion – auf Kosten des Ausschlusses aller anderen Arten der Religionsausübung – die einzige Religion des Staates sein soll«.

Die direkt daraus abgeleitete fundamentalistische Logik von Erzbischof Lefebvre erklärt die Freiheit der Religion für »absurd (...), weil sie der Wahrheit wie dem Irrtum, der wahren Religion wie den häretischen Abirrungen gleiche Rechte garantiert« und »für *blasphemisch* (...), weil sie ›allen Religionen Gleichheit vor dem Gesetz zugesteht‹ und ›die heilige und unbefleckte Kirche Christi auf die Ebene der häretischen Sekten, ja sogar des jüdischen Verrats bringt‹.« (U, 781)

Seine Folgerung lautet daher: »In einem katholischen Land gibt es eine Berechtigung, die falschen Formen der Anbetung an öffentlicher Verbreitung zu hindern, um ihre Propaganda zu begrenzen!« (U, 172)

Und noch kämpferischer fügt er hinzu: »... hat denn der Staat nicht die Pflicht und daher das Recht, die religiöse Einheit der Bürger im rechten Glauben zu garantieren und die katholischen Seelen vor Schmach und Verbreitung von religiösen Irrtümern zu schützen und – nur aus diesen Gründen – die Ausübung der falschen Kulte zu begrenzen. Ja, wenn es nötig sein sollte, sie zu verbieten?« (U, 204–205)

Islamische und katholische Seiten teilen demnach folgende Ansichten:

Erstens: Die fundamentalistische Überzeugung, daß echte Gewissensfreiheit nicht nur ein Dulden, sondern aktive Unterstützung von Irrtümern und Ketzereien gegenüber Gottes wahrer Religion bedeutet. Um es mit Lefebvre zu sagen: »Nur die Wahrheit hat Rechte, der Irrtum aber ist rechtlos.« Und allein der Katholizismus ist wahr (vgl. U, 190).

Zweitens: Die zynische Forderung nach Festschreibung ihrer jeweiligen Religion zur einzigen Staatsreligion in all jenen Ländern, in denen Katholiken oder Muslime die Mehrheit bilden. Gleichzeitig freilich überall dort, wo ihre Schäfchen selbst in der Minderheit sind – wie in Rußland, Indien und China –, an eben das von ihnen verunglimpfte Prinzip der Gewissensfreiheit zu appellieren.

Der *Syllabus* von Pius nimmt kein Blatt vor den Mund, wenn er »den Wahnsinn (deliramentum)« jener verdammt, die da glauben, »›... daß Freiheit des Gewissens und der Anbetung besondere (oder unveräußerliche) Rechte eines jeden sind, die per Gesetz verkündet werden sollten; und daß die Bürger das Recht auf umfassendste Freiheiten haben – weder von einem zivilen noch einem religiösen Gesetz eingeschränkt –, durch die sie befähigt werden, ihre Meinungen offen und öffentlich zum Ausdruck zu bringen. Sei es durch Worte, durch Presse oder jede beliebige Weise.‹ Aber während diese irregeleiteten Menschen ihre hastigen Erklärungen abgeben, bedenken sie nicht, daß sie die ›Freiheit der Verdammnis‹ predigen.« (St. Augustinus, Epistel 105, al. 166)

Genau diese Auffassung vertritt auch Erzbischof Lefebvre, indem er die mit »hohen Idealen« verknüpfte Begründung von Pater Garrigon-Lagrange zitiert: »Wir können ... aus der Freiheit der Religionsausübung ein Argument ad hominem gegen jene formulieren, die – während sie die Freiheit der Religionsausübung proklamieren – die Kirche verfolgen (säkularistische Staaten) oder direkt wie indirekt ihre Gottesdienstformen behindern (kommunistische, islamische Staaten etc.). Dieses Argument ad hominem ist gerechtfertigt, und die Kirche weiß um seinen Wert, indem sie es benutzt, um das Recht auf ihre eigene Freiheit erfolgreich zu verteidigen. Daraus folgt indes keineswegs, daß die Freiheit von Kulten (...) als Prinzip für Katholiken haltbar ist. Denn dies ist in sich selbst widersinnig und zeugt von Unglauben. Ja, so ist es: Wahrheit und Irrtum können niemals die gleichen Rechte besitzen.« (U, 190)

Von diesem Standpunkt aus ist es kein Wunder, daß ein solcher päpstlicher Fundamentalismus das *Grundgesetz* (1867) der österreichisch-ungarischen Monarchie, das die »Freiheit des Glaubens, des Gewissens und der Überzeugung« absegnete, als »eine abscheuliche Entwicklung« bezeichnete und die Garantien dieses Gesetzes, das den Anhängern jeglicher Religion gestattete, eigene Schulen zu unterhalten (sogar in vollständig katholischen Gebieten), für null und nichtig erklärte. Die Islamisten stecken genau die gleichen monopolistischen Bereiche ab, erheben genau die gleichen ausschließlichen Forderungen in bezug auf ihre Religion. Auch machen sie kein Geheimnis aus ihrer Bereitschaft, all dies bedenkenlos umzusetzen, wenn nötig sogar unter Anwendung von Gewalt.

Daraus folgt selbstverständlich auch, daß beide, der alte päpstliche wie der islamistische Fundamentalismus, begierig darauf sind, wieder Kontrolle über die staatliche Erziehung zu erlangen und sie streng zu reglementieren. So wollen sie sicherstellen, daß nichts verbreitet wird, was im Gegensatz zur »wahren Religion« oder zu den »guten Sitten« steht. Im *Sendschreiben des Glaubens* (einer Geißelung der heutigen Regierungen der islamischen Länder) von Saleh Sirriya liest sich das wie folgt:

»Ein islamischer Staat ist jener, dessen innerstes Anliegen es ist, den Islam zu verbreiten und für ihn in toto einzutreten, innerlich und äußerlich (...) Dies bedeutet: Herrschaft über alle staatlichen Apparate und über alle Lebenszusammenhänge. Jegliche Information würde dann im Dienste der islamischen Mission stehen. Und nichts, was dem Islam entgegengesetzt ist, würde in Funk oder Presse veröffentlicht. Der Zweck der Erziehung bestünde darin, Generationen heranreifen zu lassen, die an den Islam glauben, mit ihm vertraut sind, ihn als ihre Richtschnur akzeptieren und sich für sein Wohl opfern. Daher müßten alle Curricula in diese Richtung ausgearbeitet werden – einschließlich der Wissenschaften. Und niemand wird Verantwortung in den Bereichen Information und Erziehung erhalten, wenn er nicht ein Missionar für den Islam ist.« (D 1, 41)

Lefebvre pflichtet den von ihm bevorzugten Päpsten ohne jede Einschränkung bei, wenn sie betonen, daß es »dem katholischen Staat nicht zustehe, Rechte wie religiöse Freiheit, Freiheit der Presse und Freiheit der Erziehung zuzulassen« (U, 82).

In ihren Schriften und Programmen, ja in ihrer gesamten Propaganda widmen sich auch die Islamisten ausführlich der Verurteilung des öffentlichen Erziehungswesens in den arabischen Staaten. Dabei beklagen sie freilich nicht seine offensichtlichen Fehler und bedauerlichen Unzulänglichkeiten. Ihre Ablehnung zielt vor allem auf die vorherrschende moderne säkulare Ausrichtung seiner Lehrinhalte und Lehrmethoden, seiner pädagogischen Theorie und seiner Schul- und Universitätsorganisation. Auch Al-Azhar und seine religiösen Führer sind von den Islamisten vehement angegriffen und harsch kritisiert worden, weil sie es der »korrupten Irrlehre« der säkularen Erziehung ermöglicht haben, in die altehrwürdige und rechtgläubige Trutzburg des islamischen Lehrens und Lernens einzudringen. Der Vorwurf des Verrats am Glauben an die Adresse von Al-Azhar ähnelt dabei auf vielerlei Weise Erzbischof Marcel Lefebvres Verurteilung des postkonziliaren Papsttums (gemeint ist natürlich das Zweite Vatikanische Konzil).

Während des Prozesses gegen Shukri Mustafa beispielsweise nahm der Angeklagte während des Kreuzverhörs die Frage der Erziehung (und die Rolle von Al-Azhar) in aller Breite auf, wie er es schon in seinen ausführlichen Antworten an die Richter des Gerichtshofes getan hatte (D 1, 70–73, 92–97). Er erklärte, daß in Anbetracht des gänzlich unislamischen Charakters des ägyptischen Erziehungswesens einige seiner Gefolgsleute längst freiwillig Schulen und Universitäten (einschließlich Al-Azhar) verlassen hätten. Allen anderen könne er nur raten, dasselbe zu tun. In seiner *Schrift über das Kalifat* beklagt Shukri Mustafa, daß »die Juden erfolgreich in ihrem Bestreben waren, die Menschen dem Studium von Gottes Buch und Gottes Weisheit zu entfremden, indem sie diese hin zu anderen Wissenschaften lenkten. Zu Wissenschaften, die sie – die Juden – selbst gegründet und formuliert haben und auf die sie spezialisiert sind (...) Diese Wissenschaften machen jenes irdische Wissen aus, mit dem sich die Abtrünnigen an Stelle der Anbetung Gottes beschäftigen und das sie als Ersatz für das von Gott gesandte Wissen ausgeben. Dies ist auch das Wissen, auf dem sie ihre Zivilisation errichtet, ihr weltliches Leben aufgebaut und an dem sie Freude haben. Bis es endlich zu ihrem Götzen wurde und Gott verdrängte (...) Diese Wissenschaften, die wir studieren, und diese Gesetze, die wir lernen, sind zu allererst Wege, auf denen die Menschheit ihre Grenzen überschreitet, von ihren wahren Zielen abgelenkt wird und sich von ihrem Gott abwendet. Kurz und gut: Die Juden sind eine Versuchung.« (D 2, 123–124)

Es ist beinahe überflüssig, darauf hinzuweisen, daß diese Form des Antisemitismus in den sattsam bekannten Spielarten des christlichen Fundamentalismus – der römisch-katholischen Kirche, der griechisch-orthodoxen Kirche und des Protestantismus – viel tiefer verankert ist als bei den Islamisten. Erzbischof Lefebvre macht da keine Ausnahme.

Shukri Mustafa verurteilt das moderne ägyptische Schulwesen als »das Erziehungswesen der Dschahiliyya«, von dem er und seine Gefolgsleute sich fernzuhalten haben. Genau so, wie sie sich von »den Tempeln der Dschahiliyya (alle Moscheen außer ihren eigenen) und ihre Armee (der ägyptischen) fernhalten« (D 1, 93). Ebenso weigern sich die katholischen Fundamentalisten, gemeinsam mit Katholiken, die nicht ihrer eigenen Überzeugung sind, die Messe zu feiern.

Ein islamistischer Theoretiker und Kritiker geht sogar soweit, die Wiedereinführung des traditionellen religiösen Systems von Lehre und Ausbildung anstelle des modernen europäischen Modells der Ausrichtung und Organisation von Schule und Universität heftig zu befehden. Ein ihm gemäßes Schulsystem gründet sich ausschließlich auf das Vorbild von Schülern, die in der Moschee einen Kreis um einen anerkannten *Alim*, Wissenschaftler, *Faqih* oder Juristen bilden. Gemäß altem Brauch muß die Prüfung der Studenten dabei durch Einzelpersönlichkeiten wie ranghohe islamische Gelehrte und *Faqihs* sowie anerkannte *Scheichs* erfolgen.[36]

V.

Zeitgenössische Islamisten und päpstliche Fundamentalisten teilen einen tiefsitzenden Haß und eine offene Feindschaft gegen Idee und Praxis der Souveränität des Volkes.

Die einführende Enzyklika des *Syllabus der Irrlehren* greift jene an, die »sich erdreisten, im Chor zu schreien, daß der Wille des Volkes, wie er sich ihrer Ansicht nach in der öffentlichen Meinung oder auf andere Weise vergegenständlicht, unabhängig von jedem göttlichen und menschlichen Recht das oberste Gesetz bilde...«, gehen die Islamisten in dieser Logik soweit, auf die Unvereinbarkeit des Islam mit dem Gedanken der Herrschaft des Volkes, in welcher Form auch immer, zu verzichten.

Während seines Prozesses diskutierte Shukri Mustafa sehr detailliert über die ägyptische Verfassung. Besonders widmete er sich jenen Abschnitten, die festlegen, daß »die Souveränität beim Volke liegt«, daß »das Volk die letztendliche Quelle der Macht des Staates ist« und ähnlichen Aussagen. Die herausragendsten »Beispiele für den vorsätzlichen Ungehorsam der Menschen auf der Erde – der ganzen Erde – und in der Gesellschaft – jeder Gesellschaft – gegenüber Gott sind jene Verfassungen, die sich nicht auf Gottes Gesetz beziehen, sondern – wie sie behaupten – Ausfluß des Volkswillens sind«. (D 1, 92)

Überdies erläuterte er dem Gerichtshof, warum Artikel 6 der ägyptischen Verfassung: »Das Volk ist die Quelle der Staatsmacht« im Widerspruch zu den Fundamenten des Islam steht:

Erstens: Weil im Islam »alle Dinge Allah angehören. Er allein erschafft und befiehlt (...) Und niemand außer Ihm hat die Macht, Gesetze zu erlassen.«

---

36 Ali Al-Kurani, *Hizbollahs Weg des islamischen Handelns (Tariqa Hizb Allah fi-l-Amal Al-Islami)*, Beirut 1985, S. 48–49.

Zweitens: Weil durch eine solche Auffassung »das von Ihm zwischen der Umma und ihrem Imam gestiftete Gleichgewicht gestört wird. Denn Gott gesteht der Umma keine wie auch immer geartete Macht über den Herrscher zu, sondern dem Herrscher die Macht über die Umma. So ist es festgelegt in Übereinstimmung mit Allahs Buch und der Sunna des Propheten.« (D 1, 90)

Lefebvre erörtert den gleichen Gedanken so:

»... gewählte Regierungen, selbst wenn sie – wie vom Heiligen Thomas – ›Stellvertreter der Mehrheit‹ genannt werden, sind dies nur in dem Sinne, als sie für jene tun, was diese nicht selbst tun kann, nämlich: regieren. Die Macht aber haben sie von Gott, ›von dem alle Urheberschaft im Himmel und auf Erden ihren Namen bezieht‹ (Eph. 3; 15). Jene, die die Macht haben, sind deshalb für ihre Taten zu allererst vor Gott verantwortlich, dessen Minister sie sind – und erst danach vor den Menschen, für deren gemeinsames Wohlergehen sie regieren... ›Der allgemeine Wille‹ ist null und nichtig, wenn er sich gegen Gottes Gebote richtet. Die Mehrheit macht die Wahrheit nicht. Sie muß vielmehr selbst innerhalb der Wahrheit bleiben, sogar bei Gefahr einer Verfälschung der Demokratie.« (U, 55)

Und dann zieht er die Schlußfolgerung: »Deshalb leitet sich jegliche Autorität von Gott ab, auch in einer Demokratie!« (U, 52)

In seinem *Sendschreiben des Glaubens* unterstreicht Saleh Sirriya in harschen Worten:

»Demokratie zum Beispiel ist eine Art zu leben, die dem islamischen Weg entgegengesetzt ist. Denn in einer Demokratie haben Menschen die Macht, Gesetze zu erlassen sowie zu verbieten und zu erlauben, was immer sie wollen (...) Im Islam dagegen verfügen die Menschen nicht über die Kompetenz zu bestimmen, was von Allah erlaubt *(Halal)* und was von Allah verboten *(Haram)* ist. Auch dann nicht, wenn sie vollständige Einmütigkeit über die Sache erreichen. Daher ist die Verbindung von Islam und Demokratie ungefähr so, als wolle man Judentum und Islam paaren. Denn genauso, wie es für eine Person unmöglich ist, gleichzeitig Muslim und Jude zu sein, kann sie nicht gleichzeitig Muslim und Demokrat sein.« (D 1, 40)

In Ergänzung zu Shukri Mustafa und Saleh Sirriya verleiht auch die Dschihad-Gruppe ihrer Ablehnung der Herrschaft des Volkes und ihren Auswirkungen breiten Raum. Die Titel und Thesen einiger ihrer Schriften sprechen für sich: Die Stellung der islamischen Bewegung im Verhältnis zur Arbeit der politischen Parteien in Ägypten (D 1, 150–163). Ein Gott neben Gott: Eine Kriegserklärung an die Volksversammlung (gemeint ist das ägyptische Parlament) (D 2, 187–197). Unsere Länder werden durch gesetztes Recht und nicht durch das Gesetz des Islam regiert (D 1, 249–254). Gerichtsverhandlung über das politische System Ägyptens (D 2, 273–282).

Die Dschihad-Islamisten führen an, daß »Demokratie, wie sie von Lincoln definiert wird, die Herrschaft des Volkes über das Volk meint«. In der ägyptischen Verfassung sehen sie fünf zentrale Prinzipien dieses Demokratie-Begriffs verkörpert, die sie von ihrem islamischen Standpunkt aus widerlegen:

Erstens: Die Souveränität liegt allein beim Volk.

Kein Muslim kann billigen, »daß das Volk durch Demokratie (...) zum Souverän wird, denn Muslime werden niemandem außer Gott die Souveränität zugestehen«.

Zweitens: Das Volk ist die Quelle der Macht des Staates.

»Demokratie erhebt das Volk zur Quelle der Macht des Staates, d. h. zum Ursprung von legislativer, exekutiver und judikativer Gewalt. Die Existenz einer gesetzgebenden menschlichen Gewalt aber, die gemäß ihren eigenen Ansichten und Neigungen und via Parlament oder anderer Möglichkeiten per Gesetz das erlassen kann, was Gott verboten hat, ist ein Kennzeichen der Gottlosigkeit. Denn das Recht, Gesetze zu erlassen, wurde keiner Kreatur je gegeben. Es obliegt einzig und allein Gott.«

Drittens: Die Garantie der Grundfreiheiten.

»Was nun die Grundfreiheiten anbelangt, so setzt die Demokratie sie bedingungslos für alle Bürger durch, ohne jede Unterscheidung zwischen richtig und falsch, gut und schlecht, Wahrheit und Irrtum, Glaube und Unglaube. (...) Die Menschen [sind aber] keineswegs frei, einer Idee, die Gottes Religion und Gesetz entgegengesetzt ist, oder gar dem Atheismus, der Verdorbenheit und der Neuerung anzuhängen (...) Was Er verboten hat, ist verboten für uns, und es ist uns befohlen, sich davon zu enthalten und es in unseren Gesellschaften zu verbieten. Was Er erlaubt hat, steht uns frei zu tun – oder auch nicht zu tun. Und was Er befohlen hat, sind wir verpflichtet auszuführen.«

Viertens: Pluralismus der politischen Parteien.

»Demokratie führt das Prinzip des Pluralismus der politischen Parteien ein. Auch dies ist ein Prinzip, das dem Islam radikal widerspricht. Denn Pluralismus der Parteien entspringt dem Pluralismus der Ideologien innerhalb der Gesellschaft. (...) In einem islamischen Staat freilich kann die Macht kein Gegenstand von Konflikten unterschiedlicher Ideologien sein. Die Macht kann nur in den Händen von Muslimen liegen, die nur eine Lehre, eine Religion und einen Weg zur Wahrheit kennen – im Gegensatz zu den demokratischen Gesellschaften. In der islamischen Gesellschaft existieren genau zwei Parteien: Die Partei Gottes, die wir zu gründen beauftragt sind, und die Partei Satans, die verboten ist.«

Die Dschihad-Islamisten bleiben sich und ihren Prinzipien treu, wenn sie – bezogen auf die heutigen islamischen Staaten – erklären:

»Niemand möge denken, daß wir diese Staaten bitten, die Gründung einer islamischen Partei zu erlauben. Denn wir lehnen die demokratische Idee grundsätzlich ab. Mehr als einmal haben wir erklärt, daß wir und die Demokratie die zwei entgegengesetzten Pole eines unauflösbaren Widerspruchs sind. Wir beide sind so unvereinbar wie Feuer und Wasser, wie Licht und Dunkelheit.«

Fünftens: Der Grundsatz politischer und sozialer Gleichheit.

»Demokratie fordert Gleichheit aller Bürger. Die Staatsbürgerschaft ist ohne Ansehen von Religion und Frömmigkeit das Fundament dieser Gleichheit. Der Islam lehnt diese Ansicht ab. Ebenso wie er die Gleichheit von Muslimen und Ungläubigen (...), von Wissenden und Unwissenden (...), von Gottesfurchtigen und Gottlosen ablehnt.«

Anstelle des Gleichheitsgrundsatzes und seiner politisch-juridischen Auswirkungen fordern die Islamisten nicht nur die Wiedereinführung hierarchischer Strukturen von Abhängigkeit und Unterordnung, wie sie im Kalifat verkörpert sind, sondern auch die Ausübung von Baya, der Verpflichtung eines jeden Muslims, einem Führer *(Amir)* einen Treueschwur zu leisten und sich damit für immer seinen Befehlen zu unterwerfen.

Die Islamisten sind in ihrer starken Opposition zum modernen Gleichheitsprinzip nicht so weit entfernt von den vergleichbaren Lehren des päpstlichen Fundamentalismus. Das Erste Vatikanische Konzil war schließlich ebenfalls der Überzeugung, daß »die Kirche

Christi keineswegs die Gemeinschaft von Gleichen ist, in der alle Gläubigen gleiche Rechte besitzen. Sie ist vielmehr eine Gemeinschaft der Ungleichen. Nicht nur, weil unter den Gläubigen einige Kleriker und andere Laien sind, sondern vor allem, weil in der Kirche die Macht von Gott kommt. Und so ist es manchen gegeben, von Sünden freizusprechen, zu lehren und zu herrschen – und anderen nicht«.[37]

In Reaktion auf ähnliche moderne Forderungen und ähnlichen gesellschaftlichen Druck betonte das Erste Vatikanische Konzil nachdrücklich, daß »die Macht des römischen Pontifex zur Rechtsprechung wahrhaft episkopal« und »direkt« sei, um dann darauf zu beharren, daß alle »an ihre Pflicht der hierarchischen Unterordnung und des wahrhaftigen Gehorsams gebunden sind und sich zu unterwerfen haben. Nicht nur in den Belangen, die Glauben und Moral angehören, sondern auch in jenen, die Disziplin und Herrschaft der Kirche weltweit betreffen. Denn die Kirche Christi möge eine einheitliche Herde unter einem obersten Hirten sein und in Gemeinschaft und Bekenntnis von genau demselben Glauben wie der römische Pontifex.«[38] Aus diesem Grunde sehen Lefebvre und seine Gefolgsleute in den »ketzerischen Prinzipien von religiöser Freiheit, Ökumene und Kollegialität, wie sie vom Zweiten Vatikanischen Konzil eingeführt wurden«, ihren Feind.[39]

Auf der islamischen Seite benutzte General Zia-ul-Haq, damals Chef des pakistanischen Militärregimes und oberster Administrator des Kriegsrechts, die Islamisierung des Staates und die Einführung des Islamischen Rechts *(Scharia)* zu einer absoluten Gehorsamsverpflichtung seiner Untertanen:

»Ein entscheidender Punkt, der sich aus dem Studium der Verse des Korans und der Prophetensprüche ergibt (...) ist, daß solange sich der Amir oder der Staatschef (...) streng an die Befehle Gottes und seines Propheten hält, die Pflicht des Gehorsams gegen ihn für seinen

---

37 »The First Draft of the Constitution on the Church of Christ«, in: *The Teaching of the Catholic Church: As Contained in Her Documents*, vorbereitet v. Joseph Neuner, S. J., und Heinrich Roos, S. J., hg. v. Karl Rahner, S. J., Staten Island, NY 1966, S. 219–220.
38 »First Dogmatic Constitution on the Church of Christ«, ebd., S. 224–225.
39 *Lefebvre and the Vatican*, S. VII.

Untertanen oder das Volk verbindlich wird – ungeachtet der persönlichen Abneigung, die jemand gegen den Amir oder eine seiner Taten hegen mag. Nicht nur nach meiner Meinung, sondern auch nach der von rechtdenkenden Experten und Gelehrten ist auch meine Regierung eine verfassungsmäßige Regierung, die auf Grundlage der Prinzipien des Islam handelt. Wir sind fromme Muslime.«[40]

VI.

Im *Syllabus* entgeht auch das wissenschaftlich-kritische Studium des Christentums seiner Verdammung nicht. Von Monsignore Lefebvre wird es abgetan als die »falsche Philosophie, die unserem Zeitalter innewohnt« (U, 112). Im folgenden soll das Augenmerk auf die tief verwurzelte, wahnhafte und feindselige Haltung gelenkt werden, die die Fundamentalisten jedweder Couleur gegenüber modernen wissenschaftlichen Forschungsmethoden, Erkenntnissen und Weltbildern an den Tag legen. Die päpstlichen Fundamentalisten zum Beispiel moralisierten zu ihrer Zeit schier unermüdlich gegen »Szientismus« und »irrige Erkenntnisse«, »Rationalismus« und »Naturalismus«, gegen »den Abgrund des Pantheismus«, »Materialismus« und »Atheismus«. Durch Verkündigungen des Ersten Vatikanischen Konzils verhängten sie den Kirchenbann (Anathema) über folgende Überzeugungen:

»1. Wenn jemand behaupten sollte, daß die göttlichen Überlieferungen keine Mysterien (...) enthalten, sondern vielmehr alle Glaubenslehren dem Verstande zugänglich seien und mittels natürlicher Prinzipien und der vollkommen ausgebildeten Vernunft dargelegt werden könnten, so soll er mit dem Kirchenbann belegt werden.

2. Wenn jemand behaupten sollte, man müsse den menschlichen Wissenschaften solche Freiheit gestatten, daß ihre Behauptungen – selbst wenn sie in Widerspruch zur offenbarten Lehre stehen – für wahr genommen werden müssen und von der Kirche nicht verdammt werden dürfen, so soll er mit dem Kirchenbann belegt werden.

---

40 Ansprache von Präsident General Muhammad Zia-ul-Haq in Islamabad vom 12. August 1983. Zitiert von Ann Elisabeth Mayer, *Islam and Human Rights*, Boulder, Colorado 1991, S. 41.

3. Wenn jemand erklärt, es sei manchmal – gemäß dem Fortschritt der Wissenschaft – möglich, daß sich für die von der Kirche vorgelegten Lehren eine Bedeutung ergeben könne, die abweicht von der, wie sie die Kirche verstand und versteht, so soll er mit dem Kirchenbann belegt werden.«[41]

An exakt diese Regeln halten sich auch die Islamisten, wenn sie auch noch gröbere und extremere Grundhaltung einnehmen. So notierte der Cheftheoretiker des zeitgenössischen islamischen Fundamentalismus, Maududi, ganz ähnliche Befürchtungen und Ängste bezüglich der modernen Wissenschaft: »Eine Betrachtung der Natur der modernen Erziehung und der modernen Sitten offenbart augenblicklich deren Widerspruch zur Natur islamischer Erziehung und islamischer Sitten. Man lehrt die unverbildeten Schüler eine Philosophie, die jede Anstrengung unternimmt, das Universum ohne Gott zu erklären. Man lehrt sie eine Wissenschaft, die ohne wirklichen Verstand und nur eine Sklavin der Sinne ist. Man lehrt sie eine Wirtschafts-, Rechts- und Gesellschaftslehre, die sich – in Geist und Substanz – von den Lehren des Islam unterscheidet. Und dabei erwartet man noch, daß sie eine islamische Sicht der Dinge entwickeln.«[42]

Der Sprecher für Kultur- und Wissenschaftsangelegenheiten der *Dschamaat-e-Islami*, Maududis fundamentalistisch-politischer Partei, faßt die götzendienerische Natur der modernen Wissenschaft in eindeutige Worte: »Alle modernen Ideologien sind gekennzeichnet durch eine Verherrlichung des Menschen. Oftmals erscheint diese Verherrlichung des Menschen in der Maske der Wissenschaft. Die Modernisten sind überzeugt, daß ihnen durch den Fortschritt der Wissenschaft möglicherweise göttliche Macht zuwachsen wird. (...) Moderne Wissenschaft wird von keinerlei moralischem Wert geleitet, sondern ausschließlich von nacktem Materialismus und unverstellter Arroganz. Der gesamte Umfang des Wissens und all seine Anwendungen sind vom selben Bösen vergiftet. Wissenschaft und Technologie sind zur Gänze von jenen Idealen und Werten abhängig, die ihre Vertreter hochhalten. Wenn aber die Wurzeln eines Baumes faulig

---

41 *The Vatican Revolution*, S. 183.
42 Pervez Hoodbhoy, *Islam and Science: Religious Orthodoxy and the Battle for Rationality*, London 1991, S. 53.

sind, dann ist der gesamte Baum faulig. Besonders faulig und verdorben aber sind seine Früchte.«[43]

In der gleichen Absicht führt der in den USA lebende iranische islamistische Philosoph Seyyed Hossein Nasr gegen die moderne (nicht aber gegen die mittelalterliche) Wissenschaft die »vielen Studenten unserer Tage, die ihre religiösen Verankerungen durch das Studium von moderner Mathematik und Chemie verlieren«, ins Feld. Auch noch so viele gegenteilige Beteuerungen von seiten der islamischen Modernisten, ergänzt er dann, »werden diese Art von Wissenschaft nicht davon abhalten, an den Grundfesten der Zitadelle des islamischen Glaubens zu nagen«. Seine Schlußfolgerung lautet daher: »Was auch immer gläubige islamische Wissenschaftler als Einzelwesen glauben mögen, sie können es doch nicht verhindern, daß ihre Tätigkeit als moderne Wissenschaftler das geistige islamische Universum seines Inhalts beraubt. Zumindest so lange, als diese Wissenschaft nicht von ihrem säkularen und humanistischen Nährboden getrennt wird, auf dem sie seit der Renaissance wuchs.«[44]

Es ist nur logisch, daß die islamischen Fundamentalisten – genau wie ihre christlichen Brüder im Geiste – Darwin, Marx und Freud für die Inkarnation des satanischen Widersachers und des Verwerflichen in der modernen Welt halten (der jüdische Hintergrund der letzteren dient ihnen als zusätzlicher Beweis). Der hervorragende pakistanische Kernphysiker Pervez Hoodbhoy (Qaid-e-Azam-Universität in Islamabad und Massachusetts Institute of Technology) bezieht sich in folgender Antwort auf einen »wissenschaftlichen« Leitgedanken, der vom Rektor der Islamischen Universität von Pakistan, A. K. Brohi, während der Zeit der Islamisierungspolitik von Ex-Präsident Zia-ul-Haq vorgetragen wurde: »In seiner Rede zeigte Mr. Brohi wenig Sympathie für den ›zweifelhaften Beitrag des zeitgenössischen Denkens, wie er sich in den Wissenschaften der Physik und der Chemie widerspiegelt‹. Die Lehrbücher, die heute in den Universitäten verwandt werden, waren dabei das besondere Ziel seines Zorns, weil sie: ›auf ihren Seiten die unauslöschlichen Spuren (...) der fremden und

---

43 Ebd., S. 52–53.
44 Ebd., S. 69–70.

areligiösen Denker wie Darwin, Freud und Karl Marx tragen‹. Mr. Brohi befand auch die Einsteinsche Relativitätstheorie weder für richtig noch für mit dem Islam vereinbar: ›Ich bin der festen Überzeugung, daß Einsteins Blick auf das Bewegungsverhalten der Partikel – bzw. der kleinsten Bestandteile der Materie – von der islamischen Warte aus gesehen, falsch ist‹.«[45]

Während der Islamisierungspolitik des heutigen Sudan wurde der renommierte Biologe Faruk Muhammad Ibrahim verfolgt und 1990 eingekerkert, weil er seine Studenten Darwins Evolutionstheorie gelehrt hatte.[46] Und in einer Schrift der *Dschihad*-Gruppe, die Nasser und den Nasserismus angreift, lesen wir folgende Anschuldigung: »Der Leser, der sich mit der nasseristischen Gedankenwelt befaßt, kann sich dem deutlichen Gestank des Darwinismus und des Credos der Eigennützigkeit und der Verdrängung der Religion sowie ihrer Herabsetzung zum bloßen ›spirituellen Wert‹ nicht entziehen.« (D 2, 288)

Die grundsätzliche Kritik an den Erkenntnissen der Wissenschaft klingt stets gleich. Beklagt wird:

Erstens: das der Wissenschaft innewohnende Prinzip der Autonomie gegenüber den allumfassenden Forderungen der überlieferten, konservativen und fundamentalistischen Religiosität.

Zweitens: Ihr Verwerfen von Autorität – besonders der religiös sanktionierten – als Kriterium für die Wahrheitsfindung.

Drittens: Ihre permanent skeptische Geisteshaltung und ihre materialistische Orientierung.

Viertens: Ihre Erklärungen der Welt in Begriffen, die unvermeidlich die umfassenden und vorgeblich endgültigen Aussagen eines althergebrachten und durchdachten religiösen Glaubenssystems herausfordern.

Fünftens: Ihre starken Auswirkungen auf die traditionelle Auslegung des religiös Geheiligten, wodurch die Sprache von Bibel oder Koran zunehmend im Lichte wissenschaftlicher Erkenntnisse interpretiert wird, und nicht etwa wissenschaftliche Kenntnis im Lichte von Koran oder Bibel.

45 Ebd., S. 79.
46 Ebd., S. 47.

Um sich die Austauschbarkeit fundamentalistischer Aussagen zu verdeutlichen, betrachte man folgendes Experiment: »Der Koran ist absolut unfehlbar. Er ist ohne jeden Fehler, sowohl was die Belange von Glauben und Leben betrifft als auch in allen Bereichen wie Geographie, Naturwissenschaft, Geschichte etc. Der Zerfall unserer sozialen Ordnung ist leicht erklärbar. Denn Männer und Frauen mißachten die klaren Anweisungen, die Gott mit Seinem Wort gegeben hat.«

Diese Worte könnten den Litaneien von Ayatollah Khomeini, Shukri Mustafa oder Saleh Sirriya entstammen. In Wirklichkeit aber handelt es sich um ein Zitat des einflußreichen amerikanischen Erweckungspredigers Jerry Falwell. Mit Ausnahme eines einzigen Wortes, das ich ausgetauscht habe: Ich habe *Bibel* durch *Koran* ersetzt.[47]

Konfrontiert mit den machtvollen und destabilisierenden Auswirkungen der Wissenschaft, nehmen die Islamisten zu einer Reihe von Strategien und Taktiken Zuflucht, die im Westen – dem klassischen Ort der explosiven Auseinandersetzung zwischen religiöser Orthodoxie und moderner Wissenschaft – längst bekannt und vielfach erprobt sind.

Die wohldurchdachte Strategie gegen die moderne Wissenschaft kann in zwei Hauptgedanken zusammengefaßt werden:

Erstens: Wissenschaftliche Erkenntnis läßt sich entwerten, indem man ihre charakteristischsten Merkmale gegen sie wendet. Die Tatsache, daß wissenschaftliche Erkenntnis immer nur unvollständige und angenäherte Ergebnisse liefert, daß sie stets verbesserungsfähig, aber auch verfälschbar oder gar revidierbar ist, macht sie in den Augen der Islamisten zur »nicht wirklichen Erkenntnis«. Erkenntnis entspringt für sie immer der Wahrheit, im Gegensatz zu *Wahrheiten*, die keineswegs Erkenntnisse sind.

Zweitens: Die Wissenschaft wird ihres erkenntnistheoretischen Werts und kognitiven Inhalts beraubt, indem man sie reduziert auf eine Anzahl zutreffender Vermutungen und nützlicher Kalkulationen, deren praktische Bedeutung in der Bearbeitung von Materie und

---

47 Jerry Falwell, *Listen America*, New York 1980, S. 63, zitiert nach Nancy Ammerman, *Bible Believers: Fundamentalists in the Modern World*, New Brunswick 1987, S. 1.

der Befriedigung menschlicher Grundbedürfnisse liegt. Bezogen auf die Wissenschaft erweisen sich die radikalen Islamisten als begeisterte Parteigänger eines billigen Funktionsdenkens und undurchdachten Technizismus. Die etwas reflektierteren Theoretiker geben diesem Gemisch einen Schuß modischen Konventionalismus hinzu.

In der Praxis befolgen sie – wenn auch etwas linkisch und sicherlich ohne ihr Wissen – jenen Rat von Kardinal Bellarmino, den dieser Galilei gab, um einen Frontalzusammenstoß mit der damals regierenden römisch-katholischen Orthodoxie aufzufangen. Nach diesem listigen Rat durfte Galilei zunächst nicht mehr behaupten, seine wissenschaftlichen Nachforschungen brächten Erkenntnis über die Natur der Welt hervor. Vielmehr sollte er behaupten, seine Wissenschaft beanspruche nicht mehr als nützliche »Hypothesen« aufzustellen, die einen wirksameren Umgang mit Naturphänomenen ermöglichten. Außerdem stelle seine Wissenschaft praktische mathematische Berechnungen, Formeln und Kniffe für eine bessere Handhabung der Dinge, ihrer Bewegungen und Beziehungen bereit. *Hypothesen* sind hier noch in ihrer älteren und abwertenden Bedeutung zu verstehen, wie sie Isaac Newton in seinen berühmten *Principia* formulierte: »Hypotheses non fingo« (Ich erfinde keine Hypothesen).

Galilei hatte also den Rat erhalten, die Wahrheit auch der diesseitigen Welt – und nicht der jenseitigen – der Religion zu überlassen und sich als Wissenschaftler darauf zu beschränken, interessante Spekulationen, nützliche Hypothesen und praktische Berechnungen abzugeben – und nicht mehr.

Zur Illustration möchte ich zwei fundamentalistische Erwiderungen auf die Bedrohung durch moderne wissenschaftliche Erkenntnis aufgreifen:

Ayatollah Mutahhari entwertet die Bedeutung moderner Wissenschaft und wissenschaftlicher Erkenntnis überhaupt: »Ein weiterer Mangel des wissenschaftlichen Weltbildes als Grundlage einer Weltanschauung liegt darin, daß Wissenschaft von einem theoretischen Standpunkt aus gesehen unbeständig und ohne Dauer ist. (...) Vom Standpunkt der Wissenschaft aus verändert sich das Gesicht der Welt tagtäglich, weil die Wissenschaft auf Hypothese und Experiment und nicht auf vernünftigen und offensichtlichen Grundprinzipien beruht. Hypothese und Experiment haben nur einen vorläufigen Wert. (...)

Es kann nicht als Fundament für den Glauben dienen. Denn Glaube braucht eine stärkere, unerschütterliche Grundlage, eine Grundlage, die ewig ist. (...) Die Bedeutung des wissenschaftlichen Weltverständnisses liegt daher in seinem praktischen und technischen, nicht jedoch in seinem theoretischen Wert. Eine Weltanschauung aber braucht erkenntnistheoretische Werte, keine praktischen (...) die praktischen und technischen Werte der Wissenschaft liegen darin, daß sie den Menschen in seiner Arbeit bestärken und erfolgreich machen. Dabei ist es gleichgültig, ob sie nun die Wirklichkeit abbilden oder nicht. Die heutige Industrie und die heutige Technologie spiegeln den praktischen und technischen Wert der Wissenschaft wider. (...) Bemerkenswert ist an der Wissenschaft unserer Tage: Wie sich ihr praktischer und technischer Wert vermehrt, so vermindert sich ihr theoretischer Wert.«[48]

Die zweite Erwiderung stammt von Erzbischof Lefebvre, der wissenschaftliche Erkenntnis wegen der »Unabhängigkeit der Vernunft und der Wissenschaft vom Glauben« verurteilt. Er meint damit ihre Autonomie und »Selbst-Überheblichkeit« und Ablehnung »jeder fremden Herrschaft«, die von außen an sie herantritt (U, 21). Er verurteilt die Geisteshaltung, die Neuerungen gegenüber aufgeschlossen ist (*Bida* im Falle der Islamisten) und die sie bedingende intellektuelle Neugierde, die den Forschergeist ausmacht. Für Lefebvre verkörpert diese Grundhaltung »die morbide Liebe zur Neuerung unter dem Vorwand des Fortschrittes«. Er sieht in ihnen »Neugierde« und »Stolz«, die in einem tödlichen Irrtum enden müssen, ein »beklagenswertes Trauerspiel«, das uns zeigt, »wie weit die menschliche Vernunft zu gehen bereit ist, wenn dem Geist der Neuerung erst einmal der Weg dafür freigegeben wird« (U, 17–18); das »Beiseiteschieben jeglicher Offenbarung ... um den Entdeckungen bzw. den handfesten Verrücktheiten der bloßen Vernunft einen Zugang öffnen zu können« (U, 7); die Geisteshaltung der »uneingeschränkten Forschung«, die sehr selten »zu religiöser und philosophischer Wahrheit« führt; »die Philosophie des uneingeschränkten Denkens«, die »letztlich bei Hegel endet« (der wiederum hin zu Marx führt); und

---

48 Ayatullah Murtaza Mutahhari, *Fundamentals of Islamic Thought: God, Man and the Universe*, California 1985, S. 69, 71.

die Tatsache, daß »ein freier Forscher« nicht mehr zu unterscheiden ist von dem Feind der Religion schlechthin: dem »Freidenker« (U, 176).

Lefebvre schließt die »Kirche, die sich entwickelt«, ebenso in seine Verdammungen ein wie jene Zeitgenossen, die »einen sich entwickelnden Glauben fordern«. Denn, so der Erzbischof, für »den Glauben bedeutet jede Entwicklung den Tod« (U, 16).

Die gleichen Inhalte und die gleichen Verurteilungen vertritt der Sprecher für Kultur und Wissenschaft von Maududis islamistischer Partei: »Niemals wurden [in der islamischen Gesellschaft] Selbständigkeit, Neuerung und Wandel als (...) Werte betrachtet. Das Vorbild der islamischen Kultur ist nicht ein mechanischer, evolutionärer Fortschritt. Ihre Vorbilder sind vielmehr die dauerhafte, unveränderbare, transzendentale und von Gott geoffenbarte Moral sowie die theologischen und geistigen Werte von Koran und Sunna.«[49]

Freilich, auch die Islamisten sind sich – nicht weniger als ihre katholischen Brüder im Geiste – der Tatsache bewußt, daß durch die Hilfe früherer islamischer Reformer, Modernisten und Freidenker sich die Erkenntnisse über die Belange dieser Welt längst der islamischen Zuständigkeit entzogen haben. Dieses Wissen macht ihr Ringen schmerzhaft. Shukri Mustafa fürchtet die Bedrohung des islamischen Weltbildes durch die moderne Wissenschaft so sehr, daß er einen allumfassenden Angriff gegen jegliche Form des nicht-religiösen Wissens unternimmt. Dabei spart er auch Literatur und einfache Arithmetik nicht aus. Was bei Maududi einfach nur Angst und Argwohn vor der Wissenschaft war, taucht bei Shukri Mustafa als nackte Angst und als Besessenheit wieder auf.

Um jedoch dem westlichen Leser ein Stück jener Angst vermitteln zu können, möchte ich daran erinnern, daß wissenschaftliche Forschung und Erkenntnis in heutigen islamischen Gesellschaften immer noch etwas von jener intellektuellen Faszination ausübt und an jene Mission der sozialen Befreiung erinnert, die in den Tagen von Rabelais, Galilei, Descartes und den Enzyklopädisten in Europa von ihr ausgingen.

Für Shukri Mustafa ist wissenschaftliche Erkenntnis daher nichts

---

49 *Islam and Science*, S. 53.

weiter als bloße Annahme, Mutmaßung und Hypothese *(Zann)*. Denn »das Wissen, das Gott den Menschen gestattet hat, ist streng begrenzt durch die erste und einzige Verpflichtung, die Er ihnen auferlegt hat: Nur Ihn allein und niemanden sonst anzubeten« (D 1, 93).

Auch ist sich dieser radikale Islamist sicher, daß die Anhäufung von Wissen, das die Grenzen überschreitet, die von der bloßen Absicherung unmittelbarer praktischer Notwendigkeiten und dringender Interessen der islamischen Gemeinde gesetzt werden, einfach nur zu Götzendienerei und Glaubensabfall führt. Für Shukri Mustafa liegt daher bereits »der Wert eines Atoms an Wissen, das mehr beabsichtigt als dieses Ziel [Absicherung der praktischen Notwendigkeiten], außerhalb der Pflichten gegenüber Gott«. Gleichzeitig ist dieses Atom der Anfang »der Vergöttlichung des Menschen auf Erden« (D 1, 93). Da aber jegliches »Lernen an die Verherrlichung Gottes geknüpft sein muß, sollte die Anhäufung von praktischem Wissen – auch in den religiösen Wissenschaften – nur im Falle einer dringenden Notwendigkeit erfolgen (...) Dasselbe gilt auch für alle anderen Wissenschaften wie Astronomie, Schreiben und Fremdsprachen. Denn man muß stets der Tatsache eingedenk sein, daß es Gottes Wunsch war, daß ›die beste Gemeinde, die für die Menschen entstand‹ (Koran 3;110), eine ungebildete Nation war, die weder schreiben noch rechnen konnte.« (D 1, 94)

Alle Bemühungen der Freidenker um bildhafte Auslegungen oder übertragene Lesarten dieses islamischen Analphabetentums *(Ummiyya)* – sowohl als gedanklicher Entwurf des Korans wie als wichtige Eigenschaft des Propheten selbst *(Ummi)* – werden von ihm ausdrücklich zugunsten einer möglichst engen und wortwörtlichen Bedeutung zurückgewiesen. Er meint genau das, was er sagt: Schlichtes Unvermögen zu lesen, zu schreiben und zu rechnen. Denn die uneingeschränkte Treue gegen die Fundamente des Islam und das Ideal der *imitatio* Muhammads verpflichten, dieser Art von Analphabetentum zur Vorherrschaft zu verhelfen.

Zwar teilen die anderen Islamisten Shukri Mustafas extrem radikale Verurteilung jedweden Lernens und Wissens nicht, doch auch sie treten nur für jenes Maß an Lehren und Lernen ein, das ihnen absolut nötig und hilfreich für Muslime scheint. Auf diese Weise teilt

Abbud Az-Zumur Wissen in zwei Kategorien: »das religiöse Wissen« und das, was er das »realistische Wissen« (die Natur- und Sozialwissenschaften) nennt. In seinem Pamphlet legt er dar, daß die Mitglieder der *Dschihad*-Gruppe in Ergänzung zur Unterweisung im religiösen Wissen auch jenes »notwendige Minimum an legitimem ›realistischem Wissen‹ erhalten, das für die islamische Bewegung nützlich ist. Ziel ist dabei, das Mitglied zu befähigen, die Wirklichkeit, in der es lebt, die Ziele, die es zu erreichen sucht, die Natur des Weges, auf den es sich einläßt, und die Schwierigkeiten, denen es gegenübersteht, genau zu verstehen. Und all dies geschieht in Übereinstimmung mit einem Lehrplan, der von Fachleuten unterschiedlicher Gebiete vorbereitet wurde.« (D 1, 119)

Die »realistischen Wissenschaften«, wie sie von Abbud Az-Zumur aufgefächert werden, sind »die politischen, militärischen, wirtschaftlichen, administrativen, organisatorischen sowie die Informations- und Erziehungs-Wissenschaften« (D 1, 114).

Ebenso warnen die Anhänger Lefebvres ihre Schäfchen vor den Gefahren einer allzu großen Ausweitung ihrer Lektüre auf Bereiche jenseits von orthodox-katholischen Werken. Sie verweisen auf jene Wahrheit, die Johannes von Salisbury im 12. Jahrhundert verkündete: »Es ist eine sichere und zuverlässige Angelegenheit, nur katholische Bücher zu lesen. Das sorgfältige Lesen über eine große Spannbreite von Gegenständen macht den Gelehrten. Die sorgfältige Auswahl aber macht den Heiligen.«

Für beide, sowohl für die Islamisten wie auch für Marcel Lefebvre, gibt es nur einen Ausweg: Gott wieder in die Wissenschaft einzuführen. Auf bizarre Weise wollen Maududis Fundamentalisten dieses Ziel erreichen – in den Schulen Pakistans ebenso wie in der islamischen Wissenschaftsdebatte: »Kein Phänomen oder keine Tatsache sollte erwogen werden, ohne einen Bezug zur Güte Gottes herzustellen. Bei Abfassung eines Wissenschaftsbuches für Schüler der dritten Klasse zum Beispiel sollte man nicht fragen: ›Was wird geschehen, wenn ein Tier keine Nahrung aufnimmt?‹ Anstelle dessen sollte die folgende Frage gestellt werden: ›Was passiert, wenn Gott dem Tier keine Nahrung gibt?‹ (...) Ähnlich unislamisch ist es zu lehren, daß die Mischung von Wasserstoff und Sauerstoff automatisch Wasser ergibt. Die islamische Art, dies zu formulieren ist: Wenn Atome von

Wasserstoff auf Atome von Sauerstoff treffen, dann entsteht durch den Willen von Gott Wasser.«[50]

VII.

Unsere vergleichende Analyse zeigt deutlich, daß sowohl die heutigen Islamisten wie auch die päpstlichen Fundamentalisten der Zeit von Pius die Modernisten und Freidenker ihrer jeweiligen Religion als *inneren Feind* schlechthin betrachten. Dabei setzten sie sich weder mit einzelnen Gelehrten und Theologen, Denkschulen oder Interpretationsrichtungen noch mit deren Sozial- und Glaubensreformen auseinander. Mit anderen Worten: Modernismus und Freidenkertum klingen ihnen wie Sirenengesänge, die von Abschied und Unterhöhlung der Fundamente und Lehren, der Symbole und Bräuche des Glaubens künden. Und nichts anderes treibt ihrer Meinung nach Modernisten und Freidenker dabei um als die Sucht, all den modernen heidnischen Ketzereien, fremden Irrtümern und zeitgenössischen Götzen gefällig zu sein. Hier setzen auch Lefebvres endlose Attacken auf die Modernisten ein, die der Kirche solche Ideale wie »Freiheit, Gleichheit und Brüderlichkeit, Demokratie und Pluralismus« aufzwängen wollen. Lefebvre bezichtigt sie denn auch als »Verräter, Wendehälse und gefährliche Feinde der Kirche« (U, 114, 119).

»Die offenbarte Wahrheit, die Sicherheit des Glaubens – Usul und Usus« sowie die authentischen Bräuche von Islam bzw. Katholizismus gerieten durch die perfiden Entstellungen und unmoralischen Verdrehungen des Heiligen durch den inneren Feind in einen unheiligen Zustand der »Vernachlässigung« und des »Vergessens«. Hierin sieht auch der *Syllabus der Irrtümer* die Ursache dafür, daß »Lehre und Ansehen der göttlichen Offenbarung« und »die wahrhaftige Idee von Gerechtigkeit und Menschenrecht verfinstert« wurden. Ergänzend dazu traten die Schriften des Ersten Vatikanischen Konzils unbeirrbar gegen Modernisten und Freidenker ein für die Bestätigung und Verfestigung der Lehre von der Nachfolge Petri, wie sie im Papsttum verkörpert ist. So betont die *Erste Dogmatische Verfassung*

---

50 *Islam and Science*, S. 54.

der Kirche Christi, herausgegeben vom Ersten Vatikanischen Konzil, mit Nachdruck und wiederholt die unverrückbare Gültigkeit solcher Grundsätze wie: »Von der Institution des apostolischen Primats im Namen des Heiligen Petrus«, »Über die Ewigkeit des Primats des Heiligen Petrus und des römischen Pontifex«, »Über Macht und Natur des Primats des römischen Pontifex« und »Über die Lehre von der Unfehlbarkeit des römischen Pontifex«.[51]

So ist es auch keineswegs überraschend, daß die Bemühungen der Modernisten um mythisch-poetisches Lesen, bildliche Auslegung und allegorisches Verständnis der *Wahrheit* der heiligen Schriften pauschal verdammt und abgelehnt werden. Ausdrücklich verurteilt Abschnitt VII des *Syllabus* die Auffassung, daß »die Prophezeiungen und Wunder, wie sie in den Heiligen Schriften dargestellt und erzählt werden, poetische Dichtungen und die Mysterien des christlichen Glaubens Ergebnis philosophischer Spekulationen sind. Dies gilt auch für die Annahme, daß in den Büchern des Alten und Neuen Testaments legendenartige Erfindungen enthalten seien und auch Jesus Christus nur eine legendäre Figur sei.«

Gott hätte sich offenbar der Menschheit nicht durch Legende und Erfindung, Dichtung und Philosophie oder verwandte menschliche Ausdrucksformen offenbaren können, sondern dies in Form exakter Aussagen über historische Ereignisse und übernatürliche Gegebenheiten tun müssen.

In eng verwandter Geisteshaltung verurteilen auch die zeitgenössischen Islamisten immerfort die Lebensgewohnheiten in den heutigen islamischen Staaten und Gesellschaften. So beklagen sie »Abwesenheit«, »Vernachlässigung« und »Autoritätsverlust« der göttlichen Offenbarung, der Fundamente des Islam und vor allem des erstrangigen Befehls, den *Dschihad* – nach innen wie nach außen – gegen die Ungläubigen zu führen. Seinen Höhepunkt erreicht dieser Gedanke in der erwähnten grundlegenden Schrift *Das fehlende Gebot der Dschihad*-Organisation. Sie geißelt islamische Freidenker und Modernisten (des ausgehenden letzten und der ersten Hälfte unseres Jahrhunderts), weil jene den islamischen Befehl zum Heiligen Krieg kastriert hätten, indem sie ihn zum reinen Verteidigungskampf gegen

---

51 Geddes MacGregor, *The Vatican Revolution*, Boston 1957, S. 187–197.

fremde Eindringlinge und als reine Schutzmaßnahme für das islamische Herrschaftsgebiet erklärten. Der Verfasser von *Das fehlende Gebot* möchte selbstverständlich dieses *Fehlen* ungeschehen machen und den *Dschihad* in all seinem früheren Glanz und zuallererst als Angriffskrieg gegen all das, was unislamisch ist, wiederbeleben (D 1, 127–147). Nach der Meinung von Abbud Al-Zumur, einem Mitglied jener Gruppe, die Präsident Sadat ermordete, ist »es einfach nicht wahr (...), daß der Dschihad [von Gott] ausschließlich als Befehl zur Verteidigung des Islam erlassen wurde, ohne die Ungläubigen bekehren zu wollen und ohne sie in ihrem eigenen Haus anzugreifen...« (D 1, 122)

Auch Erzbischof Lefebvres Angriff auf Ökumene und Verständnisbereitschaft des Zweiten Vatikanischen Konzils sowie die reformierte, nachkonziliare Kirche ist vom Gedanken an ein *fehlendes Gebot* durchdrungen, nämlich: der Aufforderung, zum kämpferischen Auftrag der Kirche bzw. zum traditionell kämpferischen Geist des Katholizismus zurückzukehren. Die bildhafte Vorstellung des *Dschihad* beherrscht auch die Gedankenwelt des Erzbischofs, einschließlich einer Verteidigung von Inquisition und Kreuzzügen, dem expliziten Gebrauch von Begriffen wie »Heiliger Krieg«, »wahre Soldaten Christi«, »Schwert des Geistes« und solcher Erklärungen wie: »Unser Herr hat seine Apostel nicht um des Dialogs willen gesandt, sondern um zu predigen« (U, 181) und: »Wir sind dabei, eine Armee aufzustellen, um katholisch zu bleiben, egal, was es kostet.«[52]

Zweifellos haben die alten Grundsätze der gegenreformatorischen Kirche in Lefebvre und seinen Gefolgsleuten glühende Verteidiger und ergebene Diener im Geiste der Restauration gefunden.

Wie es sich überall für brave moderne Fundamentalisten gehört, geben auch die Islamisten ihrer Restauration – gerichtet gegen die neuen Deutungen und Erklärungen der Freidenker – Inhalt und Form, indem sie sich in völliger Gewißheit bezüglich der Eindeutigkeit der Koranverse und ihrer Botschaft fühlen. Auf ihrem Zug gegen den *inneren Feind* bestätigen und bestärken sie das, was man die *Lehre von der Nachfolge Muhammads* nennen könnte. Sie meint den uneingeschränkten Befehl, das islamische Kalifat (und Kalifat meint

---

52 *Lefebvre and the Vatican*, S. 35.

Nachfolge) wiedereinzurichten, das von Mustafa Kemal – genannt Atatürk –, dem Gründer der modernen Türkei, 1924 abgeschafft wurde. *Die Charta der Islamischen Tat* beharrt darauf, daß das Ziel des Kampfes der Islamisten darin bestünde, »die Religion überall vollständig einzuführen« und »das Kalifat nach dem Beispiel des Prophetentums wiedereinzurichten« (D 1, 168). Ein anderer Islamist änderte kurzerhand den berühmten Kampfruf: »Die Republik oder den Tod!« um in: »Das Kalifat oder den Märtyrertod!« (D 1, 191). »Die Republik oder den Tod!« war auch der Demonstrations- und Kampfruf der Nasserischen Freien Jemenitischen Offiziere, die den jemenitischen Gottkönig und Imam in den frühen sechziger Jahren stürzten. Sie riefen ihn vor allem während ihrer Verteidigung der Hauptstadt Sanaa gegen die eindringenden royalistischen Truppen und restaurativen Kräfte, die von der benachbarten saudischen Monarchie unterstützt wurden.

Besonders im Fadenkreuz der Islamisten steht natürlich Ali Abd Ar-Raziq, jener bekannte Azhar-Kleriker, der die Abschaffung des Kalifats verteidigte und für die Trennung von Moschee und Staat eintrat. Sein Buch *Der Islam und die Quellen der politischen Macht* (Kairo 1925) geriet damals zu einem größeren literarisch-religiösen Skandal, sowohl in der arabischen wie auch in der gesamten islamischen Welt, und hatte die Demission des Autors von der Hochschule Al-Azhar zur Folge.

Damit sich westliche Leser ein angemessenes Bild von der Radikalität, der Reichweite und Größenordnung von Mustafa Kemals Abschaffung des Kalifats und Abd Ar-Raziqs Verteidigung dieses drastischen Vorgehens machen können, sollten sie sich einmal vorstellen, was geschehen wäre, wenn 1870 die italienischen Nationalisten nach der Unterwerfung Roms unter das italienische Königreich einfach das Papsttum abgeschafft hätten, anstatt die volle Souveränität des Papstes über den Vatikan sowie seine geistige Autorität über alle römischen Katholiken anzuerkennen!

Ähnlich wie die katholischen Fundamentalisten auf jene europäische Gesellschaftsordnung zurückblicken, in der die weltliche und geistliche Autorität des Papstes noch umfassendes Leit- und Vorbild war, berufen sich auch die Islamisten auf das Weltbild einer vergangenen islamischen Gesellschaft, in welcher die Kalifen (besonders die ersten vier Kalifen) in ihrer allumfassenden Macht Leitbilder waren für eine bessere – wenn nicht gar ideale – islamische Lebensführung. Letztlich allerdings (und jenseits von reinem politischen Opportunismus, taktischer Heuchelei oder purer Nostalgie) scheinen weder katholischer noch islamischer Fundamentalismus die Vergangenheit für ein wirklich zukunftsweisendes Ideal zu halten, sondern nur für ein praktikables, kopier- und umsetzbares Modell für heutige Gesellschaften und Staaten.

In diesem Zusammenhang sei auch auf die weitgehende Ähnlichkeit hinzuweisen zwischen der Idealvorstellung des islamischen Staates (Kalifat) – wie sie heute von islamisch fundamentalistischen Ideologen unter der Bezeichnung *Tawhid*[53] für Staat, Gesellschaft, Wirtschaft und Kultur herausgearbeitet wurde – und der Idealkonzeption des entsprechenden christlichen Staates – wie er von Erzbischof Lefebvre vorangetrieben wird. Der fundamentalistische Erzbischof erklärt auch, in einem solchen Staat sei die Gesellschaft harmonisiert »als ein Organismus von genau aufeinander abgestimmten und hierarchisch geordneten sozialen Gruppen« und sozialen Klassen, die eine wechselseitige »natürliche Ergänzung« bildeten. »Die Frucht der Vereinigung von Kirche und katholischem Staat ist die katholische Gesellschaft.« »Die französische Monarchie des Ancien Régime« sei mehr oder weniger die historische Verwirklichung dieses Ideals gewesen, in der »alle Belange zwischen dem Monarchen und den Untertanen durch eine Vielzahl von vermittelnden Körperschaften vollkommen und hierarchisch geregelt wurden« (U, 18, 53, 210).

Natürlich war Frankreich einmal *la fille aînée de l'Église*, aber einige dieser Fundamentalisten verhalten sich, als hätten sie nichts dazugelernt, genau wie die Bourbonen-Könige, die sie offensichtlich so schätzen.

Es bleiben zwei Fragen: Wie werden sich die arabischen Islamisten diesem angestrebten Staatsideal gegenüber verhalten, falls sie an die Macht kommen sollten? Und: Wie werden sich die bestehenden Zwänge der Moderne auf ihr künftiges Handeln auswirken, und wie wird sich ihre utopische Vorstellung von der Anwendbarkeit dieses

---

53 Vereinheitlichung; leitet sich von dem islamischen Begriff für strengen Monotheismus ab und bringt im Arabischen ein stark positiv besetztes Gefühl zum Ausdruck.

Ideals der Praxis anpassen? Im Iran hat man dieses Ideal bereits zugunsten von Republik, öffentlichen Wahlen und Nationalstaat aufgegeben.

Ich möchte hier auch noch anführen, daß *Die Schrift über die Islamische Wiederbelebung* die Frage, ob denn Modernisten und Freidenker der *Nahda-* bzw. *Renaissance-*Periode »wahrhafte Muslime« seien, kategorisch verneint. Sie bezeichnet sie vielmehr verächtlich als »Pseudo-Wiederbeleber«, »weil eine Bewegung der Wiederbelebung weder durch die Suche nach Möglichkeiten des friedfertigen Nebeneinanders mit der Dschahiliyya, noch durch eine neue Verschmelzung von Islam und Dschahiliyya entstehen kann. Wirkliche Wiederbelebung (oder Erneuerung) kann nur die Reinigung des Islam von allen Beimengungen der Dschahiliyya bedeuten...« (D 2, 225)

In ähnlicher Weise lehnt auch der islamische Philosoph Ali Kurani diese verfälschte Form des Islam ab und bezeichnet sie abfällig als »diesen abweichlerischen, säkularisierten Islam«.[54] Marcel Lefebvre nimmt dieselbe fundamentalistische Haltung ein, wenn er die Welt und die Errungenschaften des modernen und liberalen Katholizismus verächtlich verwirft.

Beide Fundamentalismen halten den modernen *inneren Feind* für ein trojanisches Pferd (im Falle der Islamisten möglicherweise auch ein trojanisches Kamel) im Dienste der mächtigen Kräfte der Moderne. Hieraus ergibt sich natürlich eine im Kern kämpferische Abwehrreaktion, die Religion und Gesellschaft einer tödlichen Bedrohung der sie umzingelnden satanischen Verschwörung der Moderne ausgeliefert sieht.

In diesem Geiste schrieb Pius IX. in seinen Moralschriften gegen die Irrtümer »unseres überaus unglücklichen Zeitalters« und die Häresie unserer »ausdrücklich zu bedauernden Zeitläufte« an. In seinem *Syllabus* sprach er vom »Kampf zwischen Christus und Belial«, von »der schrecklichen Verschwörung unserer Feinde gegen die katholische Kirche und diesen unseren Apostolischen Stuhl«, vom »mannigfachen Unheil, das Kirche und bürgerlicher Gesellschaft« droht, und von den gottlosen Feinden, »die beseelt und angeregt vom

---

54 *Hizbollahs Weg des islamischen Handelns,* S. 64.

Geiste Satans« handeln. Weitere Auslassungen des Ersten Vatikanischen Konzils malten ein düsteres Szenario davon, wie die »Pforten der Hölle mit tagtäglich anwachsendem Haß ihre Kräfte allüberall versammeln, um das von Gottes eigener Hand gelegte Fundament aus den Angeln zu heben und – wenn es ihnen gelingen möge – die Kirche zu stürzen...«[55]

Mit klaren Worten benannte Papst Leo XIII. die treibende Kraft hinter dieser Verschwörung: »Mit ungeheurer Anstrengung – und unter Einfluß und mit Hilfe einer an vielen Orten verbreiteten Organisation – haben in unseren Zeiten die Anstifter zum Bösen offensichtlich einen gefährlichen Zusammenschluß gebildet: die Gesellschaft der Freimaurer.« (U, 10)

Dann fährt er fort, die Wachsamkeit seiner päpstlichen Vorgänger zu loben: »Rasch haben unsere Vorgänger diesen ersten aller Widersacher in genau dem Augenblick erkannt, als er aus dem Dunkel einer geheimen Verschwörung trat und im vollen Licht des Tages zum Angriff überging.« (U, 10)

Erzbischof Lefebvre spannt den Bogen, indem er diese Verschwörung auf die Französische Revolution zurückführt: »Vom Tag nach der Revolution an regte sich der Teufel in der Brust von Kirchenleuten, die sich trunken vom Geiste des Stolzes und der Neuerung als begnadete Reformer fühlten und von einer Aussöhnung zwischen Kirche und Liberalismus träumten, ja gar den Versuch unternahmen, eine ehebrecherische Vereinigung zwischen der Kirche und den Prinzipien der Revolution auf den Weg zu bringen!« (U, XVI–XVII)

Unter den Anhängern des Fundamentalismus Lefebvrescher Prägung nimmt diese dunkle Verschwörung Orwellsche Dimensionen von Absurdität an. Denn ähnlich wie beim geheimen Buch der Dissidenten in *Neunzehnhundertvierundachtzig*, das – wie sich später herausstellt – von der Gedankenpolizei des Großen Bruders selbst geschrieben wurde, glauben Lefebvre und seine Anhänger, daß auch »das Meisterwerk des Satans«, das die nachkonziliare Kirche »zum Ungehorsam gegenüber der Tradition« geführt habe, letztendlich »im Namen der Gehorsamspflicht selbst« ausgeführt wurde.[56]

---

55 *The Teaching of the Catholic Church*, S. 221.
56 *Lefebvre and the Vatican*, S. 219.

Die Schriften und Verurteilungen der Islamisten, ihrer Philosophen und Ideologen sind ebenso übervoll an Bildern einer zeitgenössischen Finsternis und Verderbnis und voller düsterer Warnungen an die islamische Welt vor der tödlichen Gefahr, die dem Islam, ja allem Islamischen schlechthin durch die teuflische Verschwörung all der dunklen Kräfte drohe, die jene übermächtige satanische Schöpfung bilden, die man als *Dschahiliyya* des 20. Jahrhunderts bezeichnet. Shukri Mustafa zum Beispiel hat eine lange Abhandlung über die große internationale Verschwörung (die allerdings schon seit geraumer Zeit zugange ist) verfaßt. Gesteuert wird sie vom Teufel und ausgeführt vor allem von der »jüdischen Weltregierung« (Lefebvres Freimaurer). Aber auch die ständig auf Kreuzzug befindlichen Christen hat er dabei nicht vergessen (D 2, 144–151).

Der Fundamentalismus von Lefebvre greift das nachkonziliare Papsttum an, weil es (*über den* inneren Feind) die säkularen antichristlichen und anti-katholischen Impulse vollständig in sich aufgenommen habe und auf diese Weise dessen teuflische Absicht gehorsam ausführt. Folgerichtig geht der Erzbischof daher von einer Position der Vakanz der Herrschaft aus, dergestalt, daß für ihn der Stuhl des Heiligen Petrus verwaist und Rom vom Antichristen besetzt ist. Zur Untermauerung dieser Ansicht zitiert er zum einen die angeblich von Papst Leo XIII. stammende (und ihm von der Jungfrau Maria selbst überbrachte) »prophetische Vision«, die »offenbart, daß eines Tages ›der Stuhl des Heiligen Petrus der Sitz des Frevels sein werde‹«. Und zum anderen, indem er eine Prophezeiung »Unserer Frau von La Salette« anführt, die besagt, daß »Rom den Glauben verlieren« und »›Finsternis‹ in Rom herrschen wird«.[57]

Aus denselben Gründen greift der islamistische Fundamentalismus Al-Azhar, seine *Ulama* und Rektoren an. Der »innere Feind« habe die ehrwürdige Einrichtung vollständig unterwandert und führe nun gehorsam den teuflischen Willen der säkularistischen anti-islamischen Mächte aus. Shukri Mustafa verdammt den gesamten Lehrplan von Al-Azhar und bezichtigt Scheich Schaltut, einen ihrer hervorragendsten und aufgeklärtesten Rektoren während Nassers Regierungszeit, islamisch Richtiges und islamisch Falsches ins Gegenteil zu

---

57 *Lefebvre and the Vatican*, S. 139–140.

verkehren – im Dienste der gottlosen säkularen Kräfte der Zeit (D 1, 62, 70–71). Ähnlich harsch gebärden sich die *Dschihad*-Militanten in ihren sarkastischen Angriffen gegen »jene, die die Roben der Ulama tragen...«, »jedes Wort verdrehen« und den herrschenden Unglauben unterstützen und – mittels ihrer religiösen Gutachten *(Fatwas)* und Entscheidungen – die Missetaten der abtrünnigen Herrscher rechtfertigen (D 2, 246).

Ohne Zweifel herrscht für die Islamisten – nicht weniger als für Lefebvre – heute eine *Finsternis* über Al-Azhar, greift ein Verlust an Glauben innerhalb von Al-Azhar um sich. Ebenso scheint ihnen der Stuhl des Rektors nicht nur leer, sondern als Sitz der Verderbnis.

Insgesamt drängt sich uns die Schlußfolgerung auf, daß der heutige Islamismus nicht weniger ein *Islam in der Krise* ist, als der päpstliche Fundamentalismus (einschließlich seiner Lefebvreschen Ausweitung) ein *Katholizismus in der Krise* war. Beide sind Gegenreaktion auf und Anpassung an die Bedrohungen und Herausforderungen, wie sie die schier unglaubliche Dynamik und Kraft, der unwiderstehliche Druck und Zauber der Moderne aufgeworfen haben.[58]

[Aus dem Amerikanischen von Walter Saller]

---

58 Als Darstellung und phantasiereiche Interpretation des Faszinosums Moderne siehe: Marshall Bermans *All That is Solid Melts into Air: The Experience of Modernity*, New York 1988.

Nachwort
Von Kai-Henning Gerlach und Walter Saller

Die Theologie sei heute bekanntlich klein und häßlich und dürfe sich ohnehin nicht blicken lassen, konnte Walter Benjamin seinerzeit abgründig lächelnd sagen. Gleichwenn dieser Gedanke ihm aus dem Herzen spricht, kann der Spötter Sadik J. Al-Azm sich diese Gelassenheit auch 1993 noch nicht leisten, befinden sich die arabischen Gesellschaften doch mitten in der Auseinandersetzung um den Stellenwert der Religion in Staat und Gesellschaft. Gegen die Dogmatik des fundamentalistischen Islam polemisiert Al-Azm mit einem an Ludwig Feuerbach erinnernden Impetus. Rabiat und rebellisch bricht er islamische und arabische Tabus und stellt sie zur Debatte.

Der Ausgang des arabisch-israelischen Krieges von 1967 veranlaßte Al-Azm zu einer beißenden Kritik an der politischen Kultur der arabischen Länder, die den Arabern fehlenden Realitätssinn und »Großmannssucht« als Quelle ihres Versagens vorhält. Sie träumten von einer glorifizierten und religiös verklärten Vergangenheit, anstatt sich den Forderungen des Alltags zu stellen, so Al-Azm. Die reaktionären Regime der Region machten sich diese fatale Neigung der Menschen zunutze, indem sie mit islamisch verbrämter Propaganda Bauernfang betreiben.

Seine *Kritik des religiösen Denkens*, die Al-Azm 1969 in Beirut als Buch veröffentlichte, brachte dem Autor die Verfemung als »Ketzer aus Damaskus« ein. Das Buch wurde von den libanesischen Behörden konfisziert und der Autor wegen »Aufhetzung zum Konfessionshader« vor Gericht gestellt. Durch seine kritischen Veröffentlichungen zu politischen Themen verlor er bereits 1968 seine Lehrbefugnis als Philosophiedozent im Libanon und sollte des Landes verwiesen werden. Erst in zweiter Instanz wurde er freigesprochen. Spätestens diese »Affäre Al-Azm« ließ ihn in der arabischen Welt zu einer jener Symbolfiguren werden, die für kompromißloses Eintreten für eine Trennung von Politik und Religion, für die Weiterführung eines gesellschaftlichen Aufklärungsprozesses und für pluralistische Verhältnisse stehen.

Doch nicht allein, daß Sadik J. Al-Azm in der arabisch-islamischen Welt gelesen und diskutiert wird, zeichnet den vorliegenden Band aus. Der Autor schreibt nicht nur *über* islamische Fundamentalisten, er läßt sie vielmehr selbst zu Wort kommen. Ein interessiertes deutsches Publikum erhält so die Möglichkeit, authentische Anschauungen und Auffassungen islamischer Fundamentalisten kennenzulernen. Aber Sadik J. Al-Azm wäre nicht Sadik J. Al-Azm, wenn es ihm dabei nur um Authentizität und nicht auch um die Freude am Grotesken so mancher Fundamentalistenweisheit ginge. Das echte, das befreiende Lachen ist seine Waffe. Und damit trifft er die Fundamentalisten an besonders empfindlicher Stelle. Denn als Propheten, die von den »letzten Dingen« sprechen, möchten sie alles, nur nicht lächerlich erscheinen.

Die arabische Welt befindet sich in einer Phase, die im Hinblick auf diese Auseinandersetzung dem Europa des 18. und 19. Jahrhunderts entspricht, so Al-Azms Grundannahme. Und genau in jenem Europa findet er seine Argumente. Maßgebliche Wirkung auf sein Denken hatte die Beschäftigung mit der kantischen Philosophie, über die er zwei Bücher in englischer Sprache verfaßte.[1] In Immanuel Kant hatte er einen Gewährsmann für die Überzeugung gefunden, daß die Weltgeschichte letztendlich zum Sieg der Vernunft führen mußte.

Die Fundamentalisten sind von einem Freund-Feind-Denken beherrscht, das jedes Problem äußeren Einflüssen zuschreibt. Als Sündenbock dient ihnen wahlweise der Teufel, in Variationen dazu der Westen, die modernen westlichen Kreuzzügler, die Juden oder schlicht eine allgemeine Verschwörung all dieser »Feinde« zusammen.

»Es ist wichtig, das bislang Tabuisierte oder Undenkbare zu benennen, es zwingt die Gesellschaft zur Kontroverse.« Hoffnung gibt dem *Unglaubensgenossen* Al-Azm dabei immer wieder der Blick nach Europa, wo die Kirche diese Lektion gelernt hat.

Kontroverse Positionen nimmt Sadik J. Al-Azm auch in den in die-

---

1 *Kant's Theory of Time*, New York 1967. – *The Origins of Kant's Arguments in the Antinomies*, Oxford (Clarendon Press) 1972.

sem Band versammelten Texten ein. Seine These zu den *Satanischen Versen* lautet: Salman Rushdie betreibt eine bewußte Kritik der Religion, der konkreten Lebensbedingungen und der politischen Verhältnisse und nicht etwa postmoderne Spielerei. Er ist ein politischer Kämpfer und radikaler Aufklärer, was im Westen nahezu durchgehend verkannt wird. Jedem Versuch, Rushdie zu entpolitisieren, setzt Al-Azm entgegen, daß die *Satanischen Verse* innerhalb des Islam einen vergleichbaren religionskritischen und auch literarischen Rang für sich behaupten könnten wie etwa die Werke eines François Rabelais oder James Joyce innerhalb des Christentums. Die Werke entsprängen einer ähnlichen historischen Situation, in der die Religion die Freisetzung und Entfaltung der brachliegenden menschlichen Potentiale blockierte. Al-Azm untermauert diese Vermutung durch Vergleiche der *Satanischen Verse* mit Werken progressiver westlicher (»christlicher«) Autoren. Zu diesem Zweck konfrontiert er die westliche Leserschaft zunächst mit ihrer eigenen – vielfach in Vergessenheit geratenen – Geschichte literarischer Skandale, wodurch der Aufruhr um die *Satanischen Verse* in einem vertrauteren Licht erscheint. Dabei konzentriert Al-Azm sich auf die jeweils verwendeten Stile, Formen und Motive und beleuchtet ihre geschichtlichen und gesellschaftlichen Hintergründe und Bedeutungen. Andererseits bestimmt er Rushdies Standort im muslimischen Kontext: Die Rushdie-Affäre ist nur das letzte Glied einer langen Kette vorangegangener Skandale und Verfemungen von Schriftstellern, die die Araber alleine in unserem Jahrhundert mitverfolgen konnten. So weist er nach, daß die Front nicht zwischen »orientalischer Despotie« und dem »freiheitlichen Westen« verläuft. Auf dieser Grundlage verteidigt er Rushdie mit Entschiedenheit und Schärfe, denn in dessen Fall seien Kategorien, die für gewöhnlich als »universal« gelten, außer acht gelassen worden. Im krassen Gegensatz etwa zu sowjetischen Regimekritikern sei er vom *Westen* nicht rückhaltlos als couragierter Dissident unterstützt worden. Für den verfolgten Autor fordert Al-Azm daher eine kompromißlose Parteinahme, die einheitliche Maßstäbe anlegt und der Staatsraison widersteht.

Al-Azms 1965 ursprünglich als Vortrag verfaßte »Satans Tragödie« ist die erste moderne arabische Auseinandersetzung mit der

Figur des Satans auf einer philosophisch-literarischen Ebene. Er sieht in dem »heiligen« Text nicht die Darstellung eines tatsächlichen Ereignisses, sondern eine Allegorie. Diese Tatsache allein trug ihm im vergleichsweise liberalen Libanon der sechziger Jahre den Zorn aller drei monotheistischen Religionen ein. Die Tragödie als literarische Form ist der zweite Rahmen, innerhalb dessen Al-Azm die Geschichte Satans aufarbeitet. Als Illustration des Konflikts zwischen göttlichem Gebot, göttlichem Willen und Satans tragischer Hybris dient ihm die Geschichte von Abraham und die Tragödie der Antigone. In der Figur des Satans zeigten sich ganz ähnliche Widersprüche, die ihm die typischen Züge der großen tragischen Figuren verliehen. Diese Sichtweise wirft Fragen auf: Warum will Gott, daß die Menschen in Satan den Urheber des Bösen sehen, wo er doch auch sein Geschöpf ist? Treibt Gott nur ein listiges Spiel mit den Menschen, um ihnen gottgefälliges Handeln abverlangen zu können – mit Satan als Sündenbock, der die Menschen in Schach hält? Die traditionelle Glaubenslehre fühlt sich – entsprechend der Absicht des Autors – von diesen Fragen im Kern getroffen.

In seinem 1992 verfaßten Essay über den islamischen Fundamentalismus diagnostiziert Al-Azm eine De-facto-Säkularisierung der arabischen Länder in allen zentralen Bereichen (Recht, Staat, Wirtschaft), in denen praktisch nichts »islamisch« geregelt wird. Dieser Tatsache begegneten die Fundamentalisten mit dem hilflosen Versuch, einzelne längst säkularisierte Gebiete durch eine »islamische Wiederbelebung« zurückzuerobern. Beispielsweise sähen die militanten Islamisten in ihrer tragischen Weltsicht deutliche Anzeichen für einen »Untergang des Morgenlandes«, der nur durch ihr sofortiges Eingreifen zu verhindern sei. Ihren ebenso frommen wie fanatischen Grundsätzen stellt der Autor die inhaltlich verblüffend ähnlichen Grundsätze des katholischen Fundamentalismus der Zeit des Ersten Vatikanischen Konzils (1869) und seiner Epigonen wie des Erzbischofs Marcel Lefebvre gegenüber. Diese erstaunliche Ähnlichkeit ist seiner Ansicht nach freilich alles andere als Zufall. Sie ist vielmehr Ausdruck einer gewissen historischen Parallele. Denn so wie der katholische Fundamentalismus des Ersten Vatikanischen Konzils respektive seiner Nachfolger im Geiste eine quasi allergische Reaktion auf das in der Moderne empfundene Unbehagen war, so ist auch der heutige islamische Fundamentalismus Gegenreaktion auf den Einbruch der Moderne in die islamische Welt.

Dabei berufen sich die Fundamentalisten nicht nur auf den Glauben. Sie erwecken vielmehr den Eindruck, über eigene Staats- und Wirtschaftsformen, wie auch über eine umfassende Gesamtalternative zu den bestehenden Verhältnissen zu verfügen – eine Alternative, für deren Richtigkeit selbstverständlich Gott persönlich einsteht. Wie die Textproben bei Al-Azm zeigen, ist das politische, soziale und wirtschaftliche Programm der Fundamentalisten Prophezeiung, Belehrung und Drohung in einem.

Die Lösung von Sachfragen freilich ist ihre Sache nicht. Losgelöst von den Niederungen sozialer oder wirtschaftlicher Problemlösungen ist der fundamentalistische Islam nach und nach zur politischen Munition autoritärer Bewegungen geworden. Statt auf prinzipielle Gleichheit aller Bürger setzen sie auf eine konfessionalisierte Rangordnung, stellen den Mann über die Frau und unterwerfen die Bildung dem theologischen Dogma. Aus diesem Grunde, so Al-Azm, verbietet der fundamentalistische Islam die Trennung von Religion und Staat, die Gleichheit der Geschlechter oder das Studium der Werke Darwins und Freuds und erklärt sie als »haram«, verboten.

Die Säkularisierung allerdings ist eine historische Kraft, die sich nicht verbieten läßt. Und längst hat sie auch in den islamischen Staaten zu wirken begonnen. »Die Spielregeln unserer heutigen Welt«, meint Al-Azm, »werden in Europa, Nordamerika oder Japan festgelegt. Entweder orientiert man sich an dieser Realität, oder man landet im Mülleimer der Geschichte.« Der fundamentalistische Islam kann diese historische Kraft ebensowenig aufhalten, wie es das fundamentalistische Christentum konnte. Und daher wird auch der islamische Fundamentalismus ein erfolgloser – weil nur abwehrender und rückwärtsgewandter – Versuch bleiben, gegen soziale Entfremdung, kulturelle Entwurzelung, weltanschauliche Heimatlosigkeit und gesellschaftlichen Wertezerfall – hervorgerufen durch Moderne und Postmoderne – zu rebellieren. »Letztlich«, so Al-Azm, »werden sich auch die Fundamentalisten damit abfinden müssen, daß Religion eine Frage der inneren Beziehung zu Gott ist, im weiteren Sinn der politischen Sinnstiftung, aber nicht eine Frage der politischen Praxis und der staatlichen Ordnung.« Denn jeder Glaube, der nicht spirituell, sondern als politische Handlungsanweisung verstanden wird, reißt eine unüberbrückbare Kluft zwischen heutigen Problemen und fundamentalistischen Antworten von gestern auf.

Bei aller Freude an der Ketzerei ist Sadik J. Al-Azm doch Realist und Pragmatiker genug, um zu erkennen, daß angesichts des Ausmaßes und der Schärfe der Konflikte auch etwas Verzweifeltes in seinem Unterfangen liegt.

Er sieht den Folgen des Zusammenbruchs der alten Identitäten klar ins Auge, wenn er sagt, man könne sich den Luxus einfach nicht leisten, liebgewonnene Traditionen zu bewahren, wenn dies auf Kosten des allgemeinen Fortschritts gehe. Die Macht des Faktischen sei viel zu evident, als daß man noch über die Frage diskutieren könne, wie die Verwestlichung abzuwenden sei. Die Intelligenten unter den Fundamentalisten wissen das ohnehin längst, denn »womit befaßt sich der Planungsminister in Teheran, so gläubig er ist, so sehr er auch betet und fastet im Ramadan? Mit Wirtschaftsplanung, mit moderner Technik, mit Management, mit Wachstumsquoten.«

So nachvollziehbar Sadik J. Al-Azms Anknüpfen an die europäische Aufklärung und so logisch der strategische Einsatz von Argumenten aus ihren Arsenalen auch sein mag, so eindeutig wirft dieses Verfahren bei den Lesern die Frage auf: Wie kann Vernunft und Aufklärung gegen Ende des 20. Jahrhunderts derart optimistisch und ungebrochen formuliert werden?

Damit ist das Stichwort Dialektik der Aufklärung implizit genannt. Bei der Lektüre der vorliegenden Texte schleicht sich immer wieder der Gedanke ein: Wie kann Al-Azm bei seinem universalistischen Ansatz die Selbstzerstörung der Aufklärung entgangen sein? Klingen einem doch die Worte im Ohr: »Nimmt Aufklärung dieses rückläufige Moment nicht in sich auf, so besiegelt sie ihr eigenes Schicksal«?[2]

Oder sollte die Reflexion hierauf bereits im von Al-Azm verwendeten Begriff des »schmerzhaften Prozesses der Selbsterforschung« und des »geprüften Lebens« sein? Die Antwort ist unbefriedigend, doch wahrscheinlich würde Al-Azm sich in seiner Situation selbst den

---

2 M. Horkheimer/Th. W. Adorno, *Dialektik der Aufklärung*, Frankfurt a. M. 1969, S. 3.

Wind aus den Segeln nehmen und das Projekt einer Aufklärung der arabischen Welt mit Reflexion überfrachten.

Wer hier schreibt, ist weder ein westlicher »Nahost-Experte« noch ein Araber, der als naturalisierter Deutscher, Franzose oder Amerikaner die Perspektive seiner westlichen Ersatzheimat einnimmt. Im Gegensatz zu vielen anderen prominenten arabischen Intellektuellen, die das europäische oder amerikanische Exil gewählt haben, schreibt Al-Azm aus der direkten Wahrnehmung der Entwicklung in den arabischen Ländern, in denen er lebt – unterbrochen von mehrjährigen Studien- und Forschungsaufenthalten im westlichen Ausland. Seine Biographie ist aufschlußreich: Studium an der Amerikanischen Universität Beirut und in Yale, anschließende philosophische Dissertation in Yale, daraufhin Lehrtätigkeit in Philosophie und Soziologie an den Universitäten von Yale, New York, Beirut, Amman und Damaskus und seit 1988 Forschungstätigkeiten und Gastprofessuren an der Universität Princeton, am Berliner Wissenschaftskolleg und am Wilson-Center in Washington, D. C.

Sadik J. Al-Azms persönlicher Versuch, die verhärteten Vorstellungen einer Trennung der Welt in Orient und Okzident zu überwinden, spiegelt sich in seiner Arbeitsweise. Er schreibt in zwei Sprachen, Arabisch und Englisch, seine Texte werden nicht von der einen in die andere Sprache übersetzt, sondern er selbst schreibt sie neu.

Westliche Leser mag irritieren, daß der Autor die Unterschiede zwischen arabischer und westlicher Welt zu stark zu nivellieren scheint. Diese Irritation ist beabsichtigt, denn Al-Azm fühlt sich einem Universalismus verpflichtet, der die Logik der Staatsraison und des Machterhalts und ihre Allianzen entschleiert, die quer durch alle nationalen und konfessionellen Lager geschlossen werden. Hierfür sammelt er Indizien und triumphiert mit sichtlichem Vergnügen: Seht, angesichts eines Rushdie verblassen die Animositäten zwischen den angeblich so verfeindeten Religionen. Ihre Sirenengesänge als gefährlich zu enttarnen, ist sein Ziel.